Emociones
en empresas
de familia

EDUARDO PRESS

Emociones en empresas de familia

Gestión de las relaciones familiares
y la profesionalización

GRANICA

ARGENTINA - ESPAÑA - MÉXICO - CHILE - URUGUAY

© 2015 *by* Ediciones Granica

ARGENTINA
Ediciones Granica S.A.
granica.ar@granicaeditor.com
atencionaempresas@granicaeditor.com
Lavalle 1634 3° G / C1048AAN Buenos Aires, Argentina
Tel.: +54 (11) 4374-1456 Fax: +54 (11) 4373-0669

MÉXICO
Ediciones Granica México S.A. de C.V.
Valle de Bravo N° 21 El Mirador Naucalpan - Edo. de Méx.
53050 Estado de México - México
granica.mx@granicaeditor.com
Tel.: +52 (55) 5360-1010 Fax: +52 (55) 5360-1100

URUGUAY
granica.uy@granicaeditor.com
Tel.: +59 (82) 413-6195 - Fax: +59 (82) 413-3042

CHILE
granica.cl@granicaeditor.com
Tel.: +56 2 8107455

ESPAÑA
granica.es@granicaeditor.com
Tel.: +34 (93) 635 4120

www.granicaeditor.com

GRANICA es una marca registrada

ISBN 978-950-641-876-2

Queda hecho el depósito que marca la ley

Impreso en Argentina - *Printed in Argentina*

Press, Eduardo
    Emociones en empresas de familia : Gestión de las
relaciones familiares y la profesionalización / Eduardo
Press. - 1a ed . - Ciudad Autónoma de Buenos Aires :
Granica, 2015.
    192 p. ; 22 x 15 cm.

    ISBN 978-950-641-876-2

    1. Administración de Empresas. I. Título.
    CDD 658

A Luisa

ÍNDICE

AGRADECIMIENTOS

Cuando se publica un libro son muchas las personas de la editorial que intervienen en el proceso hasta que llega a las librerías. Los autores conocemos a unas pocas de esas personas. Claudio Iannini, Carina Durnhofer, Graciela Scalamandré son esas personas a las cuales agradezco por su disposición, agradecimiento que hago extensivo a todos los que de una manera u otra colaboraron para que este libro llegara a sus manos.

Mi mayor agradecimiento es para cada uno de los miembros de las familias empresarias que confiaron en mí y compartieron su intimidad, dándome la oportunidad de generar procesos de aprendizaje mutuo.

A los alumnos del curso "Empresas de familia. Cómo trabajar en y con ellas", de la Escuela Argentina de Psicología Organizacional, quienes con sus aportes y consultas enriquecieron mi experiencia.

A la doctora Roxana Marafioti, quien además de formar un buen equipo de trabajo tuvo la generosidad de leer los originales de este libro y ser de mucha ayuda para llegar a su versión definitiva.

Al doctor Eduardo Favier Dubois, presidente del IADEF (Instituto Argentino de la Empresa Familiar), quien me aportó conocimientos de aspectos legales de las empresas de familia.

A la licenciada Natalia Christensen, de IADEF, quien confió para invitarme a colaborar en programas de formación de nuevos consultores de empresas de familia.

Al licenciado Juan Carlos Valda, quien también generosamente compartió en diversas conversaciones sus conocimientos sobre el funcionamiento de las pymes.

A la doctora Mirta Núñez, abogada especialista en derecho de familia, quien compartió su experiencia en procesos de planificación sucesoria.

A la doctora Silvia Alicia Cirmi; gracias a su insistencia desarrollé el tema de la gestión de las emociones en las empresas de familia.

A las licenciadas Beatriz Martínez, Alejandra Rigo y María Eugenia Salinas, quienes me invitaron a cursos con profesionales y familias empresarias de diferentes ciudades del país.

A la doctora Sandra de Cicco, quien compartió su experiencia en los procesos de gestión en pymes.

Todos ellos hicieron de mí un mejor consultor de empresas de familia.

A mis amigos, Ricardo, Pablo, Horacio, Guillermo, David, quienes con una paleta y una pelota, y alrededor de una mesa de café desde hace más de veinte años, con su apoyo y compañía me ayudaron a caminar la vida con sus dolores y alegrías.

A mis padres y a mi hermano Raúl, con quienes aprendí mis primeros pasos de vivir en familia.

A mis hijos Genaro y Ana, ya adultos, quienes con sus cuestionamientos, preguntas y fundamentalmente con su amor me hicieron un mejor padre cada día.

A Joel y David, hijos de mi mujer, con quienes viví el desafío de despertar el amor sin lazos de sangre.

A Luisa, mi nieta, quien cada día me enseña que ser abuelo es una de las experiencias más maravillosas que la vida nos da.

Todos ellos hacen de mí una mejor persona.

A mi mujer, Cristina, por seguir siendo mi compañera de la vida.

INTRODUCCIÓN

¿Un nuevo libro sobre empresas de familia (EF)?

Con una pregunta parecida comenzaba mi libro anterior sobre esta temática.

¿Por qué escribo?

Como dice Eduardo Sacheri[1]: "Porque me gusta contar historias de personas comunes y corrientes. Personas como yo mismo".

Las familias empresarias están formadas por personas comunes y corrientes; quizá el eje que atraviesa este nuevo libro sea justamente las personas. Esas personas que emprendieron un proyecto, lo hicieron crecer, al que fueron incorporando a la familia, y un día se dan cuenta de que tienen una empresa familiar con sus sufrimientos y sus satisfacciones.

Me apasionan y me conmueven las familias. Cuando escucho sus problemas los comprendo porque también viví experiencias problemáticas en mi propia familia. Alternando momentos de felicidad con otros de tristeza, mi familia fue y sigue siendo para mí fuente permanente de energía y crecimiento.

Cuando una familia me consulta suele ser por alguna inquietud importante, vinculada a la empresa y/o al grupo familiar. Cuando comienzo mi trabajo con las familias busco iniciar un estrecho vínculo de confianza. Ellas tienen

---

1. Eduardo Sacheri: *La vida que pensamos*. Alfaguara, Buenos Aires, 2013.

que abrir su intimidad o al menos una parte para poder ser ayudadas, y para eso tienen que confiar. Si no es así no se abren, y si no se abren no las podemos ayudar.

Me conmueve cuando una familia confía y se abre, me conmueve cuando conversan, discuten y pelean, y se amigan y se abrazan, vuelven a conversar, y después de mucho discutir se ponen de acuerdo. Finalmente, me conmueve cuando me dicen gracias.

Y así es como desde hace más de cuarenta años me dedico a ayudar a la gente. Posiblemente porque siendo muy chico admiraba a mi padre y su profesión de médico (de esos de los de antes). Tanto era así que eso fue lo que elegí, ser médico, aunque la práctica me llevó por otros caminos sin perder la esencia de la profesión: ayudar a la gente.

Eso continúo haciendo en las EF. En la bibliografía tradicional sobre EF se ejemplifica o se utilizan los famosos tres círculos de Tagiuri. Y está muy bien, el tema es que por momentos puede transmitir la idea de referirse a un fenómeno estático. Algo así como que la familia está, el capital está y el negocio está. Y no es así, si hay algo nada estático es una empresa de familia.

El concepto de elipse planteado por Van Moose se acerca un poco más al modelo sistémico, ya que plantea que una elipse se sostiene por una relación dinámica entre fuerzas centrífugas (que expulsan) y fuerzas centrípetas (que atraen). Y más o menos una familia es así, expulsa y mantiene unido, todo al mismo tiempo. Esto hace que sea tan complejo trabajar en y con EF.

Van Moose avanza un poco más, incorpora una cuarta elipse al incluir a la "persona" como un elemento esencial en la formación de la empresa de familia. Un factor que le otorga una cuarta dimensión a los clásicos círculos: el factor humano, tomar en cuenta a las personas.

Cuando se dice "familia" se está hablando de personas, y las personas son seres vivos, se los caracteriza por estar gobernados por su raciocinio, y también por sus sentimientos y emociones. Las personas son las que ponen el sello emocional a la familia, al capital y al negocio, y hacen que las EF se diferencien de otras empresas y sean más complejas y frágiles.

Cada uno de estos aspectos, la familia, el capital, el negocio y la persona, tiene sus propias necesidades, expectativas, intereses, prácticas, y por lo tanto se generan fricciones propias a partir de las dinámicas de sus interacciones.

Estas fricciones pueden generar riesgos en general y por eso hay que prestar atención a cada uno de esos aspectos. Los riesgos determinan fragilidad y, al decir de Nassim Taleb[2], "... si algo es frágil, la amenaza de que se rompa implica que todo lo que hagamos para mejorarlo o hacerlo 'eficiente' será inútil si antes no reducimos el riesgo de rotura".

Ayudar a reducir los riesgos provocados por sus propias debilidades es una de las tareas fundamentales de todo consultor, propietario o gestor de una empresa de familia.

La propuesta de este nuevo libro es ayudar a las familias empresarias y a los profesionales que colaboran con ellas a mantener sus fortalezas y corregir sus debilidades.

En esta obra tomo cuatro temas puntuales, uno en cada capítulo, que a su vez es ilustrado con un caso.

El Capítulo 1 está dedicado a las EMOCIONES. Tema pocas veces abordado y esencial para comprender el funcionamiento de una familia empresaria.

El Capítulo 2 desarrolla el concepto de PROFESIONALIZACIÓN DE LA EF. Estas empresas tienen grandes fortalezas y también debilidades. La falta de profesionalización (carecer de metodologías adecuadas para gestionar) es un déficit común a muchas de ellas.

El Capítulo 3 aborda un tema que desvela a muchos padres e hijos que poseen una empresa de familia: la TRANSICIÓN

---

2. Nassim Taleb: *Antifrágil*. Paidós, Buenos Aires, 2013.

GENERACIONAL. No se trata solo de pensar en un cambio de mando, sino en un proceso que lleve sin prisa y ordenadamente a la inclusión de las nuevas generaciones en la gestión de la empresa, o a la elección de otras opciones que no pongan en riesgo el patrimonio familiar.

El Capítulo 4 introducirá a los lectores en el tema del PROTOCOLO de la EF. Muchas familias solicitan la construcción de un protocolo, y en este capítulo se ofrece la información necesaria para conocer sus objetivos y procedimientos.

El Capítulo 5 consiste en una breve recopilación de artículos de mi autoría vinculados a los temas desarrollados en los capítulos anteriores y publicados en distintos medios.

Los casos presentados son situaciones inventadas por el autor, lo mismo que todos los datos y nombres. Cualquier semejanza con la realidad es una mera coincidencia. Se presentan a modo de ejemplo y como sostén de los temas tratados en cada capítulo. Las prácticas descritas, si bien están basadas en situaciones reales, son parte de la ficción y no deben ser tomadas como guía de trabajo.

Un breve repaso

En una obra anterior[3], también en la introducción, comentaba ciertas ideas alrededor de las personas a las que llamé "Descripciones preliminares". Allí decía que la conducta de las personas no es enteramente previsible, que creemos que todos compartimos la misma visión de la realidad y sacamos las mismas conclusiones. Suponemos que los demás saben todo acerca de nosotros, que nos conocen bien, y nosotros a ellos, por lo tanto no sería necesario preguntar nada. Creemos que no importa cómo ni en qué situación decimos las cosas, los otros tienen la obligación de entendernos y ade-

---

3. Eduardo Press: *Empresas de familia*. Ediciones Granica, Buenos Aires, 2011.

más recordarlo, que entre querer solucionar sus asuntos y tener razón la mayoría de la gente elige tener razón.

Y finalmente, como entiendo a las empresas como sistemas sociales, esto me permite ver los fenómenos no en forma aislada sino integrarlos en un todo. Lo escribí hace años y lo sigo afirmando. Cito al maestro Carlos Sluzki: "… los modelos (como el pensamiento sistémico) permiten describir las cosas de cierta manera, pero nunca de la manera en que las cosas son. Tal vez no hay una manera en que las cosas son"[4].

---

4. Carlos Sluzki: "Terapia familiar como construcción de realidades alternativas". *Sistemas Familiares*, Año 1, n° 1, Buenos Aires, 1985.

CAPÍTULO 1

GESTIÓN DE LAS EMOCIONES EN LAS EMPRESAS DE FAMILIA

En el principio de los tiempos,[1] cuando no existía nada. Cuando ni siquiera el tiempo existía porque nadie había inventado nada para llevar la cuenta. Cuando el hombre todavía no existía, en el medio del universo estaban reunidos los vicios y las virtudes que más tarde poblarían a los humanos en mayor o menor medida.

Y los vicios y las virtudes se pasaban todo el día discutiendo y peleando, sobre todo azuzados por la Ira y la Discordia. Y discutían sobre quién habitaría el cuerpo de los humanos, si los vicios o las virtudes. Y no se ponían de acuerdo porque unos decían que habría más virtudes que vicios en los humanos y otros que al revés, que en ellos sería mayor el número de vicios.

Y como nadie se ponía de acuerdo, la Locura, que estaba loca, tuvo una idea que le pareció genial. Y dando brincos en mitad de la reunión dijo:

—Tengo una idea, tengo una idea para solucionar la discusión. ¡Juguemos a las escondidas!

La Intriga levantó la ceja y la Curiosidad, sin poder contenerse, preguntó:

—¿Escondidas?

El Entusiasmo danzó, seguido de la Euforia; la Alegría dio tantos saltos que terminó por convencer a la Duda y a la Apatía, que nunca se interesaban por nada.

—Uno de nosotros se pone a contar del uno al cien de cara a un tronco muy grande y con los ojos tapados. Y los demás salen corriendo a esconderse donde puedan. Luego, el que cuenta sale a buscar a los demás. Si el último que encuentre es una virtud, serán las virtudes las que habiten al

---

1. Relato anónimo, escuchado en una presentación de Ana María Bovo.

hombre en mayor número, si es un vicio serán los vicios los que habiten a los humanos.

Entonces, alguien entre la multitud preguntó:

−¿Y si encuentra una pareja de virtud y vicio?

La Locura pensó un instante, y dijo:

−Muy sencillo, se repartirán por igual.

La Locura comenzó a contar 1,2,3... La primera en esconderse fue la Pereza, que como siempre cayó detrás de la primera piedra del camino, la Fe subió al cielo y la Envidia se escondió detrás de la sombra del Triunfo, que por propio esfuerzo había conseguido llegar a la copa más alta de un árbol.

La Generosidad casi que no conseguía esconderse, porque cada lugar que encontraba le parecía bueno para alguno de sus amigos; si era un lago cristalino, ideal para la Belleza; si era la copa de un árbol, perfecta para la Timidez; si era una ráfaga de viento, magnífica para la Libertad.

Así que terminó por esconderse en un rayo de sol; el Egoísmo halló un lugar bueno desde el principio, ventilado y cómodo pero solo para él; la Mentira se escondió detrás del arco iris, y la Pasión y el Deseo en el centro de los volcanes.

Cuando la Locura estaba por terminar de contar, el Amor todavía no había encontrado un lugar para esconderse, pues todos ya estaban ocupados, hasta que encontró un rosal y cariñosamente decidió esconderse entre sus flores. La Locura terminó de contar y comenzó la búsqueda. La primera en aparecer fue la Pereza, apenas a tres pasos detrás de una piedra.

Sintió vibrar a la Pasión y al Deseo en los volcanes, en un descuido encontró a la Envidia, y claro, pudo deducir dónde estaba el Triunfo. Al Egoísmo no tuvo que buscarlo, él solo salió disparado de su escondite que, en realidad, era un nido de avispas. De tanto caminar sintió sed, y al aproximarse a un lago descubrió a la Belleza.

La Duda fue más fácil de encontrar, estaba sentada sobre un cerro sin decidir dónde esconderse. Y así iba encontrándolos a todos, al Talento entre la hierba fresca, a la Angustia en una cueva oscura, pero... el Amor no aparecía por ningún lugar. La locura lo buscó detrás de cada árbol, debajo de cada roca del planeta y en las cimas de las montañas.

La Locura ya había descubierto a todos menos a dos: a la Envidia y al Amor (ya que a pesar de lo que decía la Justicia, ella tenía una cierta idea de por dónde estaba la Verdad. Los locos están locos, pero no son nada tontos). Ya no sabía dónde buscar y miró al cielo para pedir ayuda. Y con esto vio a la Envidia que estaba en lo alto de un pino.

La Envidia, envidiosa de que no hubieran encontrado al Amor, se bajó del árbol y dijo:
–El Amor está escondido en esos rosales.
La Locura intentó apartar las ramas del rosal con las manos pero se pinchó.
–¡Ay! –Es que a veces el Amor hace daño sin querer.
–Busca bien, está ahí –azuzó la Envidia.
La Locura ya no sabía qué hacer y con una rama de dos puntas comenzó a pinchar entre las ramas del rosal. Finalmente se oyó un grito que dejó a todos helados:
–¡Ahhhhh!
El Amor salió del rosal con las cuencas de los ojos vacías, bañadas en sangre. La Locura no sabía qué hacer, todos la estaban mirando. Para disculparse, lloró, rezó, imploró, pidió perdón; entonces, le prometió al Amor que a partir de ese momento sería su lazarillo por siempre jamás.
Y así es como desde entonces andan por el mundo el Amor ciego de la mano de la Locura.

Gestión de las emociones

Dice Antonio Damasio[2]: "Cuando experimentas una emoción, por ejemplo la emoción de miedo, hay un estímulo que tiene la capacidad de desencadenar una reacción automática. Y esta reacción, por supuesto, empieza en el cerebro, pero luego pasa a reflejarse en el cuerpo, ya sea en el cuerpo real o en nuestra simulación interna del cuerpo. Y entonces tenemos la posibilidad de proyectar esa reacción concreta con varias ideas que se relacionan con esas reacciones y con el objeto que ha causado la reacción. Cuando percibimos todo eso es cuando tenemos un sentimiento".

A pesar de la claridad con la que el profesor Damasio nos ayuda a distinguir la emoción y el sentimiento, a los

---

2. Entrevista a Antonio Damasio, http://www.eduardpunset.es/419/charlas-con/el-cerebro-teatro-de-las-emociones

fines prácticos y de los objetivos de este libro en muchos pasajes los términos emoción y sentimiento serán tomados como sinónimos.

En una obra anterior[3], en referencia a los sentimientos en las empresas de familia (EF), sostengo:

"La intensidad de las emociones son quizá la característica más notable de las EF, lo que las distingue de otras. La pasión que existe solamente en los vínculos familiares se despliega en todo su esplendor en el tratamiento de los asuntos de la empresa. La aparición de fuertes emociones atraviesa los procesos decisorios.

"Los temas del 'corazón' obnubilan la mente y limitan el campo de la percepción, más aún cuando el mismo 'corazón' está simultáneamente en varios mundos: la familia de origen, la empresa, la propia familia, la familia política.

"Envidias, celos, rivalidades y competencias entre hermanos, nietos que reclaman haciendo poco, dinero que no se reinvierte en el circuito productivo sino que se utiliza para saldar viejas frustraciones personales, cuñados, yernos o nueras que también compiten, son sentimientos y situaciones que inciden negativamente en el funcionamiento adecuado de la EF, quitan fuerzas desmoralizando a los que la llevan adelante y desmotivando al resto del personal cuando son testigos de este tipo de situaciones.

"Por otro lado, en forma contraria, el amor es un combustible que permite seguir adelante bajo cualquier circunstancia, 'contra viento y marea'. Es la emoción de la cual salen las fuerzas para seguir adelante.

"Es por estas emociones, de las 'buenas' y de las 'malas', por lo cual tantas veces aparecen mezclados los asuntos de empresa y los asuntos de familia. Pretender que esto no suceda como lo recomiendan todos los manuales sobre EF (incluso yo mismo lo señalo como una virtud en este libro) es más

---

3. Eduardo Press: *Empresas de familia.* Ediciones Granica, Buenos Aires, 2011.

una ilusión y un deseo que algo posible. Es como pretender alterar que el día siga a la noche o la noche al día."[4]

Y agrego más adelante: "No hay que asustarse. No hay que tenerle miedo al surgimiento de las pasiones siempre y cuando no se salte el cerco del respeto al otro en lo emocional, en lo psicológico y en lo físico. Los maltratos y abusos no son aceptables bajo ninguna circunstancia".

La gestión de las emociones en las EF es uno de los temas menos tratados y más difíciles de desarrollar. La argamasa invisible que sostiene a las familias son las relaciones, y las relaciones se sostienen por los afectos, los sentimientos, las emociones.

Braidot[5] dice: "Las empresas familiares se caracterizan por una dinámica que las diferencia de las que no lo son: las relaciones interpersonales están determinadas por un componente afectivo, generacional y hereditario que, más de una vez, hace que la toma de decisiones se convierta en una lucha que conduce por caminos equivocados. Por ello, la comprensión y el buen manejo de las emociones se constituye en un factor clave, es decir, en un aspecto que 'debe formar parte de la estrategia'".

La intensidad con la que se sienten internamente y con la que se expresan al exterior es variable; la oportunidad puede ser adecuada o inadecuada, pueden adquirir diferentes formas de expresarse. Esto es lo que hace que no podamos establecer recetas universales para afrontarlos, aunque podemos trazar una pequeña guía que ayude a las familias y a los profesionales que trabajan con familias empresarias.

En mi experiencia, los temas que habitualmente preocupan a los emprendedores dueños de una EF, los aspectos societarios, la gestión, la producción, la organización interna,

---

4. Eduardo Press: *Empresas de familia. Op. cit.*
5. Néstor Braidot: "Toma de decisiones: el rol de las emociones en la empresa familiar", http://materiabiz.com/toma-de-decisiones-el-rol-de-las-emociones-en-la-empresa-familiar/

el vínculo con los proveedores y clientes, la comunicación, las relaciones entre los miembros de la familia, trabajen o no en la empresa, están atravesados longitudinalmente por intensas emociones.

Figura 1. Todos los procesos decisorios de una EF están atravesados por fuertes emociones[6]

Como se representa en la Figura 1, las emociones intervienen en todos los procesos de toma de decisiones, sea cual fuese el tema en cuestión. Y las consecuencias de esas decisiones afectan a los seres más queridos, muchas veces de modos que nunca habríamos deseado.

Cuando se lastima o alguien se siente lastimado todo se hace más difícil. El dolor y la rabia junto con el amor son sentimientos que acompañan a muchos de los procesos que transcurren en las EF.

Duele "que no me reconozcas", duele "que no me tengas en cuenta", duele "que te salgas siempre con la tuya", duele "que me critiques delante de los empleados", duele "que todo me lo discutas", duele "que solo valores lo que tú haces", duele "que critiques todo el tiempo al nene/nena", etc. Muchas veces las relaciones familiares en la EF duelen.

Y al mismo tiempo, aunque se diga menos, la gente se quiere, y quiere seguir junta precisamente porque se quiere.

6. Adaptado de la cadena de valor de Michael Porter (*Ventaja competitiva.* CECSA, México, 1998).

Obviamente, trabajar en la EF también trae muchas satisfacciones y alegrías, sentimientos que poco se toman en cuenta y casi nunca aparecen en una consulta. Pareciera ser que el sufrimiento es la regla y cada familia sufre de una manera particular.

Bien lo sintetiza Leon Tolstoi en el comienzo de su novela *Anna Karenina*: "Todas las familias felices se parecen unas a otras; pero cada familia infeliz tiene un motivo especial para sentirse desgraciada".

Hace casi 150 años Tolstoi describía con claridad y sencillez las dificultades mayores de las familias empresarias y de los profesionales que trabajan en y con EF, la singularidad con que cada familia sufre.

A través del tiempo los consultores especializados en EF prestaron atención a los procesos de gestión, la transición generacional, la realización del protocolo y otros temas habituales para el manejo de este tipo de empresas. Unos pocos se adentraron en las relaciones interpersonales de las familias empresarias y muchos menos en las emociones de la familia.

Los sentimientos en una persona no se crean de un día para el otro ni son fruto de cuestiones circunstanciales; son producto de un largo proceso que comienza en el inicio de la vida, y aún antes, porque se nutren también del "ambiente emocional" reinante en la familia a la que se llega.

Como bien dice Fros Campelo[7], autor del libro *Ciencia de las emociones*[8]: "Toda emoción tiene un componente innato y otro componente adquirido.

"Toda emoción tiene su aspecto común a todas las personas (por ejemplo, los circuitos cerebrales propios del

---

7. http://entremujeres.clarin.com/vida-sana/bienestar/Ciencia-emociones-neurociencias-terapia-cognitiva-enojo-corazon-cerebro-fobias-psicologia_0_

8. Federico Fros Campelo: *Ciencias de las emociones*. Ediciones B Argentina, Buenos Aires, 2013.

miedo), y también tiene su aspecto flexible a la trayectoria de vida de cada uno de nosotros: es decir, contamos con la capacidad de reconectar las neuronas para aprender a sentir emociones en determinadas circunstancias. Esto se llama condicionamiento.

"En esencia, los condicionamientos son útiles porque nos permiten desde bebés adaptarnos a lo que se espera de nosotros en la sociedad en que nacemos.

"Pero, a veces, desafortunadamente, quedamos condicionados de manera no oportuna."

Agregaría que nuestras experiencias a lo largo de nuestra vida nos proveen de anclajes (o condicionamientos) sobre ciertas situaciones o personas que se sostienen en el tiempo y que nos hacen reaccionar frente a esas personas o situaciones parecidas a las anteriores de la misma manera.

Los sentimientos se manifiestan frente a diferentes circunstancias y experiencias de la vida, y con mayor o menor intensidad según la ocasión. Las más difíciles de "manejar" son las sorpresivas e intensas, más difícil aún si la propia persona desconoce cuál es el disparador de ese sentimiento.

¿Por qué son difíciles de manejar y por qué hablamos de "manejar" las emociones? En las relaciones interpersonales, las emociones son un ingrediente más de los múltiples que las conforman. Las emociones intensas constituyen el aspecto principal de una relación y muchas veces el tema excluyente. Cuando esas emociones son "negativas" y son las principales en la relación, es muy difícil que esas relaciones prosperen en armonía.

La armonía de la familia no solo puede ser un objetivo sino que es una condición necesaria para sostener una EF. No digo que no se pueda sostener sin armonía, pero sí que de esa manera todo es más difícil y el sufrimiento es enorme.

En el caso de las EF estos procesos se trasladan al ámbito

de trabajo y entorpecen el funcionamiento de la organización. Por ese motivo, lo que pasa en las relaciones suele ser uno de los temas de consulta más frecuentes.

Los temas propios del negocio, las decisiones, las reuniones son teñidos por cuestiones emocionales, la mayoría de ellas de larga historia. Una palabra, un mínimo gesto, un intercambio de miradas puede ser suficiente para que se genere una reacción que invada y contamine toda la experiencia de ese momento.

Al poco tiempo suele ceder. Pero cuando se repite cotidianamente y pasa a ser parte de lo habitual estamos frente a un problema de gestión.

La gente se acostumbra al malestar, naturaliza el enojo, la ira, el descontrol y el maltrato.

Lo que más angustia en una familia empresaria es la falta de una comunicación fluida y confiable porque dificulta resolver las diferencias que se transforman en confrontaciones que afectan al negocio y a la familia.

Este es el motivo por el cual dedico un capítulo a este punto: "Manejo o gestión de las emociones en las empresas de familia".

¿Qué hacemos con las emociones?

No podemos evitarlas, ¿las expresamos así nomás como vienen?, ¿les damos rienda suelta?, ¿las reprimimos?, ¿las ignoramos haciendo como si no pasara nada?

A los clásicos tres subsistemas de las EF, la familia, el capital y el negocio, podemos agregar un cuarto subsistema: las personas, cada persona. Lo que nos lleva a las relaciones interpersonales, y estas nos remiten a las emociones, un nuevo subsistema que como los otros también necesita ser gestionado.

¿Por qué necesitamos saber gestionar las emociones?

Existen personas que siempre se muestran de buen humor, y esto las ayuda a descomprimir las tensiones tanto en la cotidianeidad del trabajo como en otros ámbitos de la familia.

Hay otras que siempre se muestran irritables y se enojan con facilidad, cualquier cosa "las hace saltar", se angustian ante los problemas y la mayoría de las veces no se animan a compartir lo que les pasa. ¿Qué sucede? Las emociones contenidas en algún momento generan una "explosión" fuera de contexto que nadie entiende y actúa como un tóxico para el clima laboral.

¿Qué es gestionar las emociones?

Básicamente incluye dos aspectos: uno, aprender a expresar los propios sentimientos teniendo en cuenta el sentido de oportunidad, saber dónde, cómo y en qué momento; y otro, reconocer las emociones de los demás.

¿Cómo hacerlo?

Gestionar las emociones no significa reprimirlas, pero tampoco significa descargarlas (hacer catarsis) ni llevar a cabo conductas confrontativas cargadas de ira o enojo.

Significa desarrollar la capacidad de controlar las emociones, sin tener que reprimirlas ni olvidarlas.

En palabras de Braidot en el artículo citado: "Esto no significa reprimir lo que se siente. Significa desarrollar autoliderazgo emocional para orientar el comportamiento, es decir, mantener el equilibrio, establecer relaciones armónicas con uno mismo y con los demás, reconocer y aceptar los propios sentimientos y los ajenos, y salir de situaciones conflictivas sin dañarse ni dañar a otros".

Es muy difícil pero no imposible. La principal barrera para gestionar las emociones es creer que no se puede.

Y sí se puede.

A aquellos que creen que es imposible controlar las emociones, les comento que permanentemente estamos haciéndolo en nuestra vida cotidiana; si no controláramos nuestras emociones con propios y extraños la convivencia en sociedad sería imposible.

Podemos hacerlo, uno es responsable de sus propias reacciones, no son los otros los que nos hacen reaccionar, uno reacciona de acuerdo con cómo está preparado para reaccionar.

Esta preparación se fue construyendo a través del tiempo; lo interesante de esto es que uno puede prepararse para reaccionar de formas diferentes si incorpora nuevos hábitos de reacción.

Hace muchos años escribí un artículo[9] en el que decía: "La historia no se puede cambiar, pero siempre se la puede contar de otra manera". Esta afirmación, que algunos definen como "resignificar la historia", permite hacer un cuento distinto de la propia historia[10] y modificar los sentimientos hacia los seres queridos porque comienza a verlos de otra manera.

Muchas familias se han acostumbrado a tratos despectivos, en parte por estar prisioneras de un cuento insatisfactorio sobre sí mismas y en parte por lo que llamo un exceso de confianza.

Se producen reacciones en la familia que habitualmente no suceden en ámbitos no familiares, como si "ser fami-

---

9. Eduardo Press: "Otro tiempo, otra mirada, otra historia". *El campo de las Terapias*, Año 1, N° 3, marzo de 1992.
10. Eduardo Press: "Los cuentos de la historia, hacia una nueva manera de mirar". *Sistemas Familiares*, Año 10, N° 2, agosto de 1994.

lia" no mereciera los mismos cuidados que se tienen con los extraños. Esto afecta a la unidad, a la armonía y, en la EF, también al negocio.

Recuerdo a un cliente que me contaba que un familiar suyo había escrito una historia de la familia pero que había rescatado solo las cosas positivas, mientras que él, lo que recordaba, eran todos los aspectos negativos.

La práctica

Gestionar las emociones necesita una práctica permanente, es un entrenamiento, una gimnasia; hablar en lugar de callar, mirar a los ojos del otro y explicar lo que uno siente frente a sus actitudes, conductas u opiniones. Con todo cariño y afecto, pero sin abandonar la firmeza.

Decirle al otro "a mí me pasa" o "yo siento" en lugar de "hacés que me pase" o "me hacés sentir". A veces conviene hacerlo en el momento "caliente" y otras veces en "frío". Es un tema de educación, unos y otros se explican recíprocamente qué les pasa. Eso sí, una vez que esto sucede lo que cabe es el respeto por lo que el otro dice.

Muchas veces hay personas que se quejan porque no saben qué pasa por la cabeza del otro, qué está pensando o qué siente; luego, cuando como resultado de un proceso con ayuda externa ese otro comenta qué le pasa o qué siente, quien quería saber se enoja por eso. ¿Entonces? Aquel que abrió su mente o su corazón va a pensar diez veces antes de volver a hacerlo.

¿Lleva tiempo? Sí.

¿Da trabajo? Sí.

¿Cuesta? Sí.

Pero muchísimo menos que no hacerlo. El maltrato, las reacciones de ira o enojo tienen para la familia y la EF un costo mucho mayor que el de prevenir y cuidarse. Es uno de los mayores costos ocultos de la empresa.

La prevención

La "prevención" es una de las herramientas de la gestión emocional; educar y educarse en el uso inteligente de las emociones para que no afecten negativamente la armonía de la familia ni el desarrollo y crecimiento de la empresa.

El objetivo de gestionar las emociones es liderar las propias para orientar la conducta; es decir, mantener el equilibrio, establecer relaciones armónicas con uno mismo y con los demás, reconocer y aceptar los propios sentimientos y los ajenos, y salir de situaciones conflictivas sin dañarse ni dañar a otros. Vale la pena.

Emociones/sentimientos entre padres e hijos, entre cónyuges, entre hermanos

La circulación de emociones y la expresión de sentimientos, fundamentalmente los "negativos", tienen sus orígenes no solamente en cuestiones históricas y familiares sino también en situaciones concretas y específicas propias de la gestión de una empresa. Es importante tener esto en cuenta para no caer en ingenuos "psicologismos", interpretando que toda confrontación en una familia empresaria es por causa de "la historia". Tenemos que discriminar una cosa de otra.

Lo dice con claridad Glikin[11]: "...la mirada de un experto es indispensable, las relaciones están tan teñidas del día a

---

11. Leonardo Glikin: "¿Atrapado sin salida?", http://www.temas-caps.com.ar/ art_empresayfamilia-27.php

día y de la subjetividad de cada cual, que no resulta posible a los miembros de la familia poder comprender, cabalmente, cuáles son las cuestiones en juego.

"A veces se trata de rencores que vienen de un pasado lejano. A veces estos rencores están originados en celos entre hermanos, o entre primos.

"Conductas incompatibles entre los miembros de la familia empresaria (mayor contracción al trabajo versus una actitud muy distante, o compromiso con el estudio versus una inclinación a improvisar sin saber, etc.).

"Pérdida de confianza (la cual, a su vez, puede tener como sustento un dato de la realidad, y en otros casos una acumulación de sospechas nunca develadas a fondo).

"Efecto devastador de alguna conducta concreta, que hace que se rompa la cadena de lealtades y colaboración, por la ocurrencia de algún hecho que se considera irreversible.

"'Incompatibilidad de caracteres', o las diferentes maneras de encarar los problemas técnicos, son otra causa que puede llevar a la ruptura de la unidad."

Padres e hijos

Las relaciones entre padres e hijos son siempre asimétricas y desparejas, mientras que las de los esposos y los hermanos son simétricas y parejas, aunque la de los esposos es una relación de elección y la de hermanos es consanguínea. ¿Qué quiero decir con esto? Que la relación de padres e hijos es una relación entre desiguales, y la de cónyuges y hermanos una relación entre iguales.

No lo recomiendo, no lo sugiero ni lo promuevo pero pienso: un hijo puede desubicarse con un padre, pero si el padre no se desubica puede ser una circunstancia que no traiga mayores consecuencias para la relación. Cuando un padre se desubica con su hijo, también desubica al hijo, quien no cuenta con las mismas herramientas que un padre para resolver esa situación. Los padres tenemos mucha más responsabilidad que los hijos sobre cómo funciona la relación. Por lo tanto, debemos ser muy cuidadosos respecto de cómo nos dirigimos a nuestros hijos.

Claro que este no es un concepto rígido, es dinámico; las cosas van cambiando con la evolución de la familia. No es lo mismo un padre de 30 años con un hijo de 6, que un padre de 50 años con un hijo de 26, ni un padre de 70 con un hijo de 46. Se supone que a medida que se avanza en la edad la gente va madurando, y entre personas adultas las cosas son un poco diferentes.

No siempre es así. En la experiencia de mi paso por EF me encuentro con personas adultas bien desarrolladas en aspectos de conocimientos y laborales pero inmaduros en aspectos emocionales, fundamentalmente en cuanto a los padres. Esta situación se complementa al encontrar una especie de "detención" en el desarrollo de los padres, quienes tratan a gente grande como si todavía fuesen chicos.

Los cónyuges

Como dije antes, la relación entre los cónyuges es de elección; también existe el divorcio, es decir, existe el/la "ex". No sucede lo mismo entre padres e hijos, o entre hermanos. No hay un "ex hijo" o "un ex hermano". Los padres e hijos o hermanos pueden no verse en el resto de sus vidas pero nunca pasan a la categoría de "ex", no son reemplazables.[12]

---

12. Por supuesto, no estoy negando la existencia de padres o madres que se desentienden de sus hijos pequeños y una nueva pareja de padre o madre ocupa esa función paterna/materna en reemplazo de la biológica. Como tampoco niego la existencia de amistades forjadas desde la infancia en las cuales puede existir un sentimiento fraterno que conviva o sustituya un vínculo con un hermano de sangre.

Quizá una de las características más importantes en una relación de cónyuges sea la de poder alternar momentos de simetría con otros de complementariedad; la fijeza de los roles lleva a una relación rígida que casi nunca es satisfactoria.[13]

Las largas convivencias, compartir toda una vida, los primeros años de lucha por el emprendimiento o la crianza de los hijos habitualmente forja entre los cónyuges un sentimiento solidario y de camaradería. Cuando los hijos crecen y hacen su propia vida (lo que algunos llaman la experiencia del "nido vacío") los cónyuges están nuevamente como al principio uno con respecto al otro. Depende de cómo haya sido la historia de esa pareja que ese momento sea vivido como satisfactorio o no. En general, lo que encontré tanto en las EF como en mis largos años como terapeuta de parejas fueron sentimientos ambivalentes, mucho cariño, amor, deseo de estar juntos a la vez que una especie de cansancio o agotamiento por las "cosas que molestan del otro". Lo curioso es que esas "cosas que molestan del otro" muchas veces existen desde que se conocen...

Como suelo explicarle a la gente, el tiempo también nos va cambiando; después de 25 o 30 años de estar juntos, ya no se tiene la misma fuerza ni la misma paciencia y se está con "el caballo cansado". Lo considero natural y parte de la evolución. Les sugiero no alarmarse por estas sensaciones y convivir con ellas de la mejor manera posible. Obviamente, cuando además existe el amor, el cariño y el afecto.

---

13. Información más completa sobre este tema se encontrará en Paul Watzlawick y otros, *Teoría de la comunicación humana*, Tiempo Contemporáneo, Buenos Aires, 1976.

Los hermanos

La relación entre hermanos[14] es una relación de pares y consanguínea que está regada por el amor, el cariño, el afecto, y atravesada por los celos, la rivalidad y la competencia. Es normal. Así son las relaciones entre hermanos.

Es habitual que nos encontremos en las EF con viejas, y no tan viejas, rencillas entre hermanos, desde cómo se festejaban los cumpleaños de unos y otros hasta a quién ayudaron más o menos para *su* casamiento, a quién se dio más dinero para hacer o comprar su casa o un auto... Como suelo decir, los hermanos andan con "un centímetro en el ojo".

Muchas veces aparecen "acusaciones" (fundadas o no) con respecto a alguno de los padres de favorecer más a uno de los hermanos que al/los otro/s. Así es el devenir de las familias. Que estas situaciones permanezcan o no depende mucho de si los padres "se enganchan" en estas discusiones, y comienzan a justificarse y a dar explicaciones. Parecería que en lugar de aclarar las cosas, como dice el refrán, las oscurecen.

Primos

Un breve comentario sobre las relaciones entre primos. Este tipo de relación depende básicamente de cómo haya sido y sea la relación de sus progenitores entre sí, y de cómo sea el vínculo entre tíos y sobrinos. En más de una reunión con familias tuve que escuchar a un tío que delante de sus propios hijos hablaba de forma descalificatoria de un sobrino; esos primos debían trabajar juntos en la EF al día siguiente.

---

14. En *Los hermanos en la empresa familiar*, de reciente aparición, el doctor Leonardo Glikin desarrolla en extenso este tema.

No siempre existe una relación tan lineal, los primos son personas con sus propios sentimientos y su propio discernimiento, pero las cosas grabadas en la infancia tienen una influencia muy importante.

Familia política y familias "ensambladas"

Familia de origen es la formada por un vínculo de alianza (una pareja) y uno o más vínculos consanguíneos (hijos y hermanos).

Familiares políticos son aquellos que pasan a formar parte de una familia al acordar una alianza con alguno de sus integrantes. De modo que surgen nuevos familiares, tales como cuñados/as, suegros/as, yernos y nueras.

Cada integrante de una pareja viene con una historia dentro de su propia familia; es quien mejor conoce "cómo son las cosas". Si las relaciones allí son claras y fluidas, "está todo bien". Pero si alguno de ellos tiene una historia difícil y conflictiva con otro de su familia de origen recomiendo no intervenir directamente, sino hacerlo a través de su pareja, acompañando, apoyando, sugiriendo. No conviene que ocupe su lugar hablando "en nombre de". En general "hablar en nombre de" en medio de una situación conflictiva, en lugar de resolver las cuestiones le agregan más dificultad.

Esto no es ley universal, existen situaciones en las cuales un miembro de la pareja, si se lo piden, puede cumplir funciones de mediador o conciliador. En estos casos lo recomendable es estar muy atento para no agravar la situación conflictiva tomando partido por uno u otro, y sí facilitar el acuerdo o recomposición del vínculo.

Por ejemplo, si una esposa tiene problemas con el hermano o hermana de su marido, lo más prolijo y saludable es que lo converse con su propio esposo, después este hará lo que le parezca según su criterio.

Obviamente que me refiero a cuando existen situaciones conflictivas; por supuesto que conozco infinidad de familias en las que todos se llevan de maravillas;bienvenido sea.

Algunas familias deciden que ningún familiar político puede trabajar en la empresa familiar, otras lo permiten sin condiciones y otras los admiten pero no en puestos directivos. Algunas empresas familiares nacen con un vínculo entre parientes políticos, formada por cuñados/as o suegro/a con yerno o nuera. Insisto: cuando las cosas están bien todo marcha de maravilla, cuando surgen conflictos se altera rápidamente el funcionamiento de la empresa y repercute rápida e intensamente en el seno de la familia.

Denomino familia "ensamblada" a aquella alianza de pareja en la cual ambos o uno de los miembros de la pareja aporta hijos de una relación anterior, por lo cual habría una convivencia de la pareja con hijos de otros.

Los conceptos referidos a la familia política podrían ser aplicables también a las "familias ensambladas"; cada padre debería hacerse cargo de las situaciones con sus propios hijos, sobre todo en las conflictivas. Por supuesto, salvo que intervenga para mediar y ayudar a la conciliación. Para que esto pueda suceder cada miembro de la pareja debería asumir que su elección no es una elección de sus hijos, que no están obligados a querer a la nueva pareja de padre/madre pero sí a respetar a las personas de elección de su progenitor/a. Siempre recomiendo que cada progenitor/a mantenga cierto grado de autonomía e independencia en el vínculo con sus propios hijos.

Este tipo de familias necesita establecer acuerdos entre los adultos acerca de quién se va a dirigir a quién, de qué modo y en qué circunstancias.

Los vínculos indiferenciados en los cuales cualquiera pueda "entrometerse" con cualquiera de los otros sin discriminar, suele ser fuente de situaciones conflictivas.

Cuando una empresa familiar es gestionada por una familia "ensamblada", los umbrales de las emociones que disparan situaciones conflictivas suelen ser más bajos que en familias que no son ensambladas.

Del mismo modo que con la familia política, estas son descripciones generales que de ninguna manera pretenden describir el universo de las familias ensambladas.

La base de todo

El respeto por el otro está en la base de todo. Ninguna recomendación sobre cómo se manejan las emociones, cómo se expresan los sentimientos tiene sentido alguno si no existe el respeto por el otro.

Por el hecho de ser familia nadie está obligado a quererse, aunque pareciera natural que así fuera; más aún, dentro de las familias la intensidad de los sentimientos puede variar entre unos y otros. Lo que no puede variar, si queremos que haya armonía en la familia, es el respeto por la persona del otro. Se falta el respeto al otro cuando para desaprobar una conducta se desaprueba a la persona. No es lo mismo decir: "Me estás mintiendo" que decir "Sos un mentiroso". Se confunde una conducta con la persona en su totalidad.

En la empresa familiar

Las discusiones en una familia son inevitables, hasta diría que en muchas ocasiones necesarias. Como dije antes, las emociones y sentimientos suelen ser muy intensos. En la empresa el problema reside en la ocasión y el lugar en que ocurren esas discusiones.

Es muy común que algunas sucedan frente al personal o al alcance del oído de cualquiera de ellos. Esto tiene un efecto sumamente negativo en el clima de trabajo.

No me canso de recomendar a las familias, a todos los miembros, que cuiden la privacidad y preserven la intimidad de sus cuestiones delante del personal. No quiero decir que en alguna reunión o situación no se puedan expresar desacuerdos entre familiares frente a terceros, sino que depende del modo en el que se haga. Es posible disentir con todo cariño y con respeto.

La familia propietaria es entre otras cosas un modelo para las relaciones entre el resto de la gente; difícilmente se pueda demandar buenas prácticas en las relaciones personales si desde la cabeza de la empresa la familia propietaria no las aplica, o por lo menos no son cuidadosos de su intimidad.

Herencia o transferencia generacional de las emociones/sentimientos

Un tema sumamente importante en las EF y con el que me encontré en varias oportunidades, es lo que llamo "herencia o transferencia generacional de las emociones/sentimientos".

Se trata de las emociones/sentimientos que se trasladan/ transfieren de generación en generación, que condicionan emocionalmente los vínculos entre padres e hijos, entre hermanos, entre tíos y sobrinos, entre primos y entre cuñados/ as. Son sentimientos originados por diferentes motivos y en distintos momentos que se consolidan de tal forma que todos o alguno de los hijos tienen hacia otros parientes los mismos sentimientos que hacia uno de sus padres o de ambos. Incluso pueden referirse a miembros de la propia familia nuclear (padres e hijos).

Es habitual que en las nuevas generaciones nos encontremos con situaciones conflictivas, enojos y amores, que se han recibido de la generación anterior. Por ejemplo (Figura 2), hace unos años recibí una consulta de una de las tantas clásicas EF fundadas por un abuelo en la tercera o cuarta década del siglo pasado.

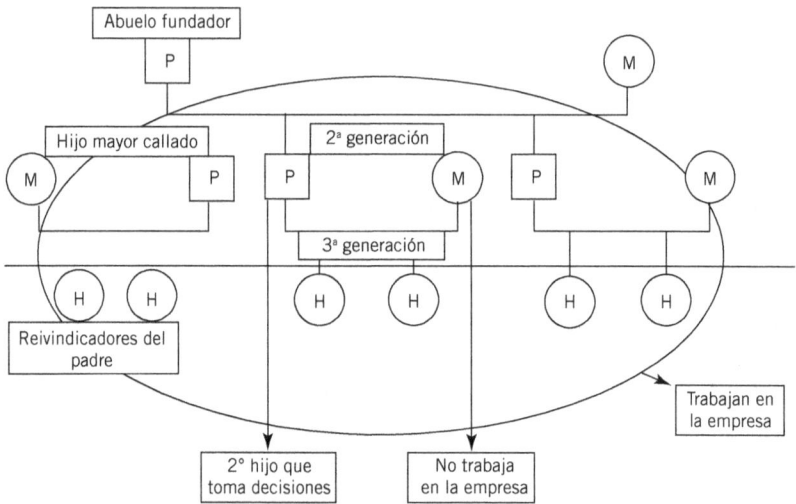

Figura 2

Ese abuelo había tenido dos hijos que después continuaron con la empresa, y a su vez esos hermanos tuvieron dos hijos cada uno, de los cuales, salvo uno de estos hijos de la tercera generación, tres de ellos se incorporaron años más tarde a la empresa, una vez fallecido el abuelo. Trabajaban en la empresa dos hermanos y tres primos. Las cosas del negocio funcionaban más o menos bien pero las relaciones no eran buenas; había encono sobre todo entre uno de los hermanos de la segunda generación y sus dos hijos contra su sobrino (primo de sus hijos).

En una primera etapa de trabajo entrevisté en forma separada a ambas familias completas, a los que trabajaban en la empresa y a los que no lo hacían. Durante la reunión con la familia del hermano que tenía a sus dos hijos trabajando en la empresa, aquel se refirió a su sobrino en términos agraviantes y descalificadores. Le pregunté si esa idea que tenía de su sobrino era reciente; me contestó que no, que siempre lo había visto de la misma manera. Le pregunté si era habitual que se refiriera a su sobrino en esos términos en presencia de sus hijos, y me respondió que sí.

En ese momento desconocía los orígenes de la opinión de ese tío y no hace al caso desarrollarlo ahora, lo que quiero puntualizar es que sus hijos crecieron oyendo descalificaciones sobre su primo aún desde antes de que se incorporaran a la empresa. Por lo tanto, parecería que esa actitud habría facilitado que estos hermanos tuviesen una pésima imagen de su primo y una muy mala relación con él.

En otra empresa, en ocasión de estar haciendo algunas reuniones personales con los miembros de la familia (padre, madre, hija mayor, hijo segundo, hija tercera, todos trabajando en la empresa), cuando conversaba con el hijo varón, este desarrollaba una opinión sumamente crítica con respecto a su padre, no solo sobre temas referentes a la empresa sino sobre toda la persona de su progenitor. Le pregunté si alguna vez había conversado con su mamá al respecto. Me respondió que constantemente, y que su mamá pensaba lo mismo que él.

Otro ejemplo (Figura 3) en el que sucedía algo similar pero con otros protagonistas, es una situación muy interesante.

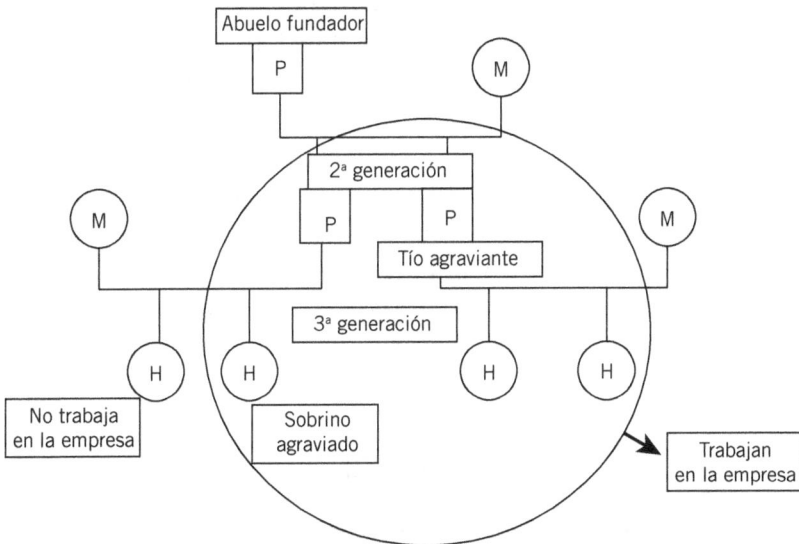

Figura 3

En este caso eran tres hermanos mayores de 60 años que manejaban y trabajaban en una empresa fundada por el padre de ellos. Sus hijos, de entre 25 y 34 años, también trabajaban en la empresa. El problema no era entre los tres hermanos mayores, sino entre los hijos de uno con los hijos de otro (el hermano mayor y el del medio). Luego de varias reuniones y tras explorar distintas vías de abordaje, aparece el tema que el hermano del medio funcionaba más como un hermano mayor que su propio hermano mayor.[15] Era el que tomaba decisiones, compraba, vendía. No es que dejara de consultar a sus hermanos, con el menor discutían y buscaban ponerse de acuerdo. En cambio, el mayor tomaba la actitud de decir a todo que sí "para no tener problemas, no discutir y mantener la familia unida". Además era de un temperamento más bien callado, jamás discutía. Como consecuencia, los hijos del hermano mayor "reivindicaban" la figura de su padre haciéndoles la vida imposible a sus tíos y primos, con lo que conseguían que ninguno de sus primos quisiera trabajar con ellos. Pero esto era imposible porque de ninguna manera su padre permitía que alguno de sus hijos abandonara la empresa.

Era curioso, los hermanos se llevaban bien y no tenían problemas, aunque sí existían entre los primos. Nos llevó bastante tiempo desarmar este embrollo y resolver la situación conflictiva a partir de su lugar de origen. De esa forma conseguimos destrabar la relación entre los primos, por lo menos al punto de mantener el respeto y conseguir que pudieran trabajar de forma armoniosa en la empresa.

Cuando se observa este tipo de situaciones de sentimientos encontrados en las nuevas generaciones o con ellas, es

---

15. No hay ninguna regla establecida referida a una relación lineal entre el lugar que cada hermano ocupa en la familia y las funciones que desarrolla en la empresa. Sin embargo, en nuestra cultura (y en muchas otras) se define o se espera de los hermanos mayores más responsabilidades en la empresa. Esta situación no siempre es aceptada por todos de la misma manera y es fuente de infinidad de situaciones conflictivas. Ver Glikin, obra citada.

interesante explorar en la generación anterior; seguramente vamos a encontrar las pistas para saber sus orígenes, aunque se argumente como motivos causantes asuntos relacionados con el trabajo en la empresa.

Lo mismo ocurre con emociones/sentimientos de amor. Se quiere más a tal o cual familiar porque en la casa donde uno se crió siempre se lo quiso más a él que a otros.

Lo que sucede en la mayoría de las familias (con empresa o sin ella) es que los sentimientos no son homogéneos ni unívocos. La mayoría de las veces nos enojamos, y mucho, con aquellos a quienes amamos; quizá si no fuese así no sería tan intensa la emoción.

Adverbios de tiempo como "siempre" o "nunca" gobiernan los discursos. Cuando afirmo que en la EF las emociones cruzan todos los temas de gestión, me refiero a este tipo de situaciones en las cuales predominan los "siempre" y "nunca" ligados a experiencias emocionales históricas y transgeneracionales. Esta es una de las grandes diferencias entre una EF y una empresa de otro tipo.

En muchas ocasiones me resultó útil trabajar con el concepto que algunos de una segunda o tercera generación llevan adelante una cruzada que no les es propia, sino heredada de la generación anterior.

Los perjuicios son enormes para todos porque la gente sufre mucho.

En síntesis, las emociones/sentimientos también se heredan, la mayoría de las veces en vida de los progenitores. Los herederos no solo heredan bienes y deudas, también sentimientos hacia los otros miembros de la familia.

Finalmente

La expresión de la rivalidad, la competencia, los celos, las rabias, los rencores actúan como fuerzas centrífugas; alejan a los miembros de la familia.

En cambio, las expresiones de amor, de ternura, de cariño, de solidaridad, de respeto actúan como fuerzas centrípetas que mantienen la cohesión de la familia.

El equilibrio dinámico de ambas fuerzas es lo que mantiene la cohesión de la familia. En palabras de Von Moss[16] "...los sentimientos extremos están siempre presentes y pueden estallar repentinamente. No todos los miembros de la familia reaccionan de la misma forma a los eventos de la empresa.

"Exclamaciones del tipo 'te voy a echar', 'me voy' o incluso 'vendo mi parte' son señales de alerta que el emprendedor debe tomar en serio. Pero finalmente, el miembro de la familia no ejecuta sus amenazas. Las fuerzas centrípetas representan el deseo: 'Tengo una parte de responsabilidad en la empresa familiar' o 'No puedo hacerle esto a mi padre o a mi abuelo'. Es un signo de que la dinámica de fuerzas va hacia el centro.

"¿Cómo explicar si no que a menudo estas mismas fuerzas centrípetas finalmente actúan, aunque la situación explosiva amenaza con hacer explotar la empresa? Estos son los lazos de sangre que aseguran esta fuerte cohesión y los compromisos morales con los abuelos.

"Difíciles de describir, estos lazos se transmiten de generación en generación a imagen de arquetipos y se expresan por un legado innegable de valores, actitudes, roles..."

Recomendaciones a tener en cuenta para el manejo de las emociones

Todos sabemos qué decir, cuándo decirlo, de qué modo decirlo, qué preguntas hacer, qué podemos contar como para que a otro le pueda molestar, lastimar o herir. En

---

16. André von Moss: *Diriger une enterprise familiale avec succès*. Éditions Payot, Lausanne, 2006.

cierto modo somos corresponsables de lo que sucede con nuestro interlocutor.

- Debemos estar atentos al sentido de oportunidad; dónde, cuándo y cómo hablamos o decimos las cosas.
- Ante sentimientos intensos, no reprimirlos, no descargarlos (hacer catarsis), no confrontar. Expresarlos en el momento y lugar oportunos. Si uno no pudo evitar reaccionar maltratando al otro, cabe una disculpa y la correspondiente reparación.
- Es interesante recordar la antigua consigna de contar hasta diez y, como dice Ury[17], "si uno está muy enojado contar hasta cien".
- Los sentimientos que no se pueden contener conviene expresarlos, ponerlos en palabras, mirando a la cara. Al principio puede ser que se manifiesten de manera confusa; hay que pedir y darse un tiempo hasta que el discurso se vaya aclarando.
- Se debe hablar en primera persona de los propios sentimientos.
- Cuidar de no atribuir sentimientos a la otra persona si no los dice, ni interpretar gestos y/o actitudes sin preguntarle qué ha querido decir.
- Decirle al otro "a mí me pasa" o "yo siento" en lugar de "hacés que me pase" o "me hacés sentir".
- Si es el otro quien tiene una actitud desubicada, lo aconsejable es mantener la calma, respirar profunda y pausadamente para evitar la propia alteración; no retrucar, solicitar con todo respeto al otro que no grite, que no levante la voz o que no insulte. Comunicar que de persistir en dicha conducta uno se va a retirar, y si eso sucede, hacerlo (si es en el teléfono avisar que uno va a terminar la comunicación, nunca hacerlo sin aviso previo).

---

17. William Ury: *¡Supere el No!* Editorial Norma, Bogotá, 1993.

- Cuando uno siente que no puede o que no es capaz de hacer nada de eso, lo recomendable es advertir al otro que no se está en condiciones de seguir con la conversación y retirarse.

En muchas empresas en las cuales durante las reuniones se producían discusiones intensas que no llevaban a nada, incorporaron la conducta de interrumpir la reunión y por lo menos uno de los presentes se retiraba por unos minutos y regresaba cuando las cosas se habían calmado. Parece una tontería pero es muy efectivo.

Si es uno mismo el que se siente desbordado emocionalmente

Desacelerar la respiración y sus ritmos. Cuando uno se altera lo primero que cambia es la respiración (se agita, la respiración se hace "alta" –en la parte superior del pecho–); si podemos recuperar el ritmo a partir de respirar profundamente lograremos modificar nuestra alteración. El vínculo alteración/respiración es una avenida de ida y vuelta.

- Dése un tiempo para beber agua, no alcohol ni tabaco.
- Como comenté antes, si está dentro de las posibilidades, váyase, aléjese. Si no puede hacerlo de forma física hágalo mentalmente, lleve su mente hacia otro lugar menos tenso.
- ¿Cómo hacerlo? Aquiete sus pensamientos. Dígase cosas tranquilizantes: "Voy a poder", "Esta vez lo voy a manejar distinto", "Es mi oportunidad para hacerlo diferente".
- Si se queda "masticando bronca", practique estrategias para redirigir sus sentimientos hacia imágenes reparadoras: escribir, escuchar música o hacer ejercicios de relajación.

Si en cambio el que está desbordado es su interlocutor

- En primer lugar, controle su propia reacción con alguna de las herramientas que vimos en los párrafos anteriores. Esto es clave. Nadie pelea solo.
- Mantenga la calma y la compostura.
- Invite a la otra persona a sentarse, a tomar algo, a otro lugar.
- Escuche, escuche, escuche. La queja, el reclamo y el enojo del otro son fuente de información.
- No interrumpa, pida aclaraciones.
- Respete el derecho del otro a sentirse como se siente.
- Con respeto, no acepte excesos verbales, y esté dispuesto a retirarse del lugar.

Estimado/a lector/a: como suelo decir, es mucho más fácil escribir estas cosas que llevarlas a la práctica; tampoco son pociones mágicas, y soy consciente de que cada uno hace lo que puede con los instrumentos de que dispone.

El objetivo de incluir estas recomendaciones es hacerlas conocer, que pueda incorporarlas a su caja de herramientas, y cuando sea necesario pueda disponer de ellas.

Practicar, practicar y practicar es la única y mejor manera para que pueda incorporar estas recomendaciones y dejen de ser simples palabras escritas en una hoja de papel.

Caso 1. Mi nombre es Sara

Mi nombre es Sara, tengo 62 años recién cumplidos, y estoy casada desde hace más de 30 años con Guillermo, el padre de mis tres hijos, dos mujeres y un varón que es el mayor. El varón y la mayor de las chicas están casados. Por parte de la "nena" tengo dos nietos (nena y nene), y del varón, un nietito de casi dos años. Soy bioquímica; ejercí la profesión durante muy poco tiempo, pues nunca tuve una vocación muy definida. Guillermo es ingeniero mecánico pero siempre sintió gran atracción por los temas comerciales, y la verdad es que tiene muy buena visión para los negocios.

Los dos venimos de familias sencillas de clase media, tercera generación en el país, nietos de esos abuelos que vinieron escapando de la pobreza en Europa.

Con Guillermo nos conocimos cuando los dos éramos estudiantes. Nos casamos, él con 25 años y yo con 23; él ya se había recibido y a mí me faltaba un año, que fueron tres por el embarazo del nene.

Hace unos treinta años, mi marido, junto a un amigo médico también con más vocación comercial que médica, decidió montar un negocio de instrumental médico, en especial para cirugía.

El negocio marchó bastante bien. Más o menos a los cinco años mi marido me empezó a comentar algunas actitudes del socio que a mí no me gustaban. Se lo decía a Guillermo y él se enojaba conmigo. Es muy inteligente pero muy tozudo, yo soy muy sensitiva y más abierta que él. Cuando Guillermo no quiere ver, no hay manera.

Al tiempo Guillermo empezó a venir a casa más nervioso que antes, yo le preguntaba qué le pasaba y me decía que nada, que eran cosas del trabajo. Lo veía mal pero no conseguía que me dijera una palabra. Hasta los chicos me preguntaban qué le pasaba a papá.

Un día me enojé mucho con él, sin gritos ni nada, pero estaba muy disgustada. Guillermo me miraba sorprendido, por lo menos notó que su actitud me enojaba. Esa noche traté de dormir pero no pude conciliar el sueño y me daba cuenta de que Guillermo no venía a acostarse.

Me levanté y lo encontré en el comedor con un montón de papeles; ya era la madrugada. Por suerte estábamos más tranquilos los dos y pudimos conversar. Me dijo que todo lo que yo le había dicho era cierto y que le había planteado al socio disolver la sociedad, que eso lo tenía muy preocupado.

No me contó en ese momento los detalles de lo que habló con el socio pero al poco tiempo disolvieron la sociedad y Guillermo se quedó con la empresa. Por un lado fue mejor, pero mi marido tenía más trabajo y más preocupaciones. Era muy hábil para los negocios pero se preocupaba por los problemas y ahora estaba solo para encararlos.

Me angustiaba verlo así, muchas cosas dependían de él. A pesar de que ya había nacido mi segunda hija, me incorporé a la empresa para darle una mano. En ese momento Guillermo se mostró muy agradecido conmigo.

Hoy nuestra empresa es muy reconocida en el mercado. Somos importadores de sofisticados instrumentos y aparatos para distintos usos en el campo de la medicina. Hará unos cinco años se incorporó a la empresa nuestra hija menor, María Emilia, licenciada en Administración de Empresas. Había trabajado en otras compañías, en tareas menores, y ella sentía (y nosotros estábamos de acuerdo) que perdía el tiempo, que allí donde estaba no iba a ningún lado.

Mi hijo, Edgardo, es licenciado en Computación y trabaja por su cuenta, aunque tengo entendido, porque mucho no me cuenta, que no le va del todo bien, su trabajo tiene muchos altibajos.

La del medio, Alejandra, es maestra jardinera y trabaja en el jardín de infantes de un importante colegio de Belgrano. Le va muy bien, hizo una muy buena carrera. Si bien atiende una sala con chicos, también cumple una función directiva.

María Emilia, no sé si por ser la más chica, siempre fue de carácter fuerte, un poco como yo. Muy emprendedora y decidida, de los tres fue (y es) la más cuestionadora, discute mucho con el padre. La mayoría de las veces creo que tiene razón, cuando a él se le mete algo en la cabeza es muy difícil hacerle ver algo.

Pese a todo, las cosas venían funcionando bien. La empresa crecía a pesar de los problemas para importar. Nuestra política siempre fue estar actualizados y al tanto de las novedades que se pudieran aplicar al mercado argentino.

Un día, Guillermo me comentó que había estado almorzando con Edgardo, quien le contó que sus cosas no iban bien y que le había pedido incorporarse a la empresa.

A pesar de que Guillermo no me consulta mucho las decisiones que toma, esta vez me preguntó qué me parecía lo de Edgardo.

El problema que habíamos tenido con Edgardo era que a pesar de ser muy inteligente siempre debíamos empujarlo para que hiciera las cosas. Yo le tuve (y le tengo) una paciencia enorme, en cambio a Guillermo le costaba más, se enojaba mucho con él; nunca un insulto ni nada parecido pero le mostraba su enojo. Siempre nos dio trabajo. Desde fines de la escuela primaria lo llevamos a psicólogos, mejoraba por momentos pero más o menos seguía igual. A pesar de todo, terminó una carrera difícil como sistemas. Se puso de novio con una muy buena chica (y lo digo yo que soy ¡la suegra!) y es muy buen padre. Pero para el trabajo, no sé…, no tiene esa visión comercial que tiene su padre.

Teníamos una persona de afuera que se ocupaba de todo lo que tuviese que ver con las computadoras y los programas. Es muy importante para nosotros tener todo eso funcionando bien porque allí está toda la información de importación, ventas, los clientes, los proveedores, nuestros empleados. Pero bueno, decidimos darle una oportunidad a Edgardo y comenzó a trabajar con nosotros. De esto hará unos tres años.

Ese fue el comienzo de los problemas. Primero los dos hermanos empezaron a no llevarse bien, sobre todo por parte de María Emilia, que le reclamaba atraso y lentitud en lo que ella le pedía, después le recriminaba al padre porque no hacía nada para ponerlo en vereda al hermano. Guillermo le gritaba y a mí eso me desbordaba. Encima todas las discusiones ocurrían delante de los empleados o por lo menos todos podían escucharlas.

El clima de trabajo no era de los mejores. Teníamos miedo de que por todas estas discusiones perdiéramos el fruto de todos esos años de esfuerzo y trabajo. Para colmo, en casa Guillermo y yo seguíamos discutiendo, nos cansaba seguir en casa con los temas de la empresa.

Pero la gota que desbordó el vaso fue hace poco.

María Emilia y Edgardo habían tenido una pelea muy fuerte, nunca se habían enfrentado así. No sé bien, pero me parece que hasta llegaron a insultarse.

Mi hija se encerró en el baño, como cuando era chiquita y algo no le gustaba, se enfurruñaba y se quedaba en el baño; hasta dos horas llegó a quedarse. Yo tenía que hablarle a través de la puerta, y con paciencia y con alguna que otra promesa conseguía que saliera. Pero ahora era distinto, ya era grande y estábamos en la empresa.

¿Y qué iba a hacer yo como madre?

Me acerqué a la puerta del baño, comencé a hablarle, también con paciencia pero ahora sin promesas; le expliqué que ya no era una nena, le hablé de la empresa y de todas esas cosas. A los quince minutos salió y estaba más tranquila.

Pero fue una vergüenza para todos, muchos empleados vieron y escucharon todo.

Nos sorprendió, nunca habíamos imaginado una cosa así. Hablamos los dos tanto con María Emilia como con Edgardo, les pedimos un poco de paciencia, que dejaran de pelear, que nos dieran tiempo que algo íbamos a hacer.

Mi marido se acordó que había recibido una invitación a una conferencia sobre empresas familiares que se iba a dar en un instituto de apoyo a pymes. Fuimos los dos. Nos gustó el instructor, nos cayó bien. Tenía un modo amable de decir las cosas; habló de la relación entre el negocio y la armonía familiar.

Cuando terminó, nos acercamos a conversar y le preguntamos si recibía consultas de familias con empresas, nos dijo que sí, que él se dedicaba a ese tema. Nos dejó una tarjeta y nos despedimos. Todo fue muy amable. Nos gustó cómo nos habló.

Habrá pasado una semana, y después de una discusión como las de siempre, nos pusimos de acuerdo con mi marido y llamamos al consultor. Quedamos en hacer una primera reunión la semana siguiente.

Nos reunimos, le contamos todo lo que pudimos, nos escuchó pero también nos preguntaba y nos daba algunas opiniones. Nos tranquilizó porque nos explicó que la convivencia de la familia para manejar un negocio no era fácil, que las peleas entre hermanos eran comunes, y sugirió que no tomáramos partido, que procuráramos evitar discusiones en público y que como mínimo los hermanos debían respetarse entre sí.

Nos dijo que con paciencia y trabajo esas situaciones íbamos a poder ir resolviéndolas.

En fin, nos propuso hacer una serie de reuniones en la empresa, incluso con Alejandra. Le dijimos que ella no trabajaba en la empresa, pero nos dijo que por ser de la familia le interesaba conocer su punto de vista.

Iba a hablar con cada uno de nosotros por separado y después nos iba a juntar a todos para compartir sus conclusiones.

Aún antes de esa reunión conjunta, después de las conversaciones que el consultor iba teniendo con cada uno hablamos entre nosotros y nos dimos cuenta de que si bien cada uno tenía tareas y funciones asignadas, los de la familia nos superponíamos en varias cosas. Muchas veces los empleados no sabían a quién debían dirigirse.

Guillermo siempre fue la cabeza y el que estaba al tanto de qué había que importar, quiénes serían los compradores del instrumental, quién necesitaría algo. Desde mi incorporación soy la que habla con los clientes, con los proveedores, soy la que maneja a nuestra gente, tenemos unas cuarenta y cinco personas que trabajan con nosotros, más la contadora y el abogado, aunque con él charla más Guillermo.

María Emilia desde que ingresó tomó algunas de mis funciones y otras de Guillermo. Se ocupó de estar un poco más encima de la gente; al poco tiempo de ingresar nos decía: "Acá cualquiera hace lo que le parece", y en parte era cierto. También comenzó a tratar con los centros e institutos que eran clientes e iba a visitarlos (lo que antes hacía Guillermo).

Edgardo se ocupaba de las computadoras. Nos dijo que todo el sistema que usábamos era "anticuado e inservible", que no entendía cómo podíamos hacer las cosas así. Bueno, eso siempre lo había llevado Guillermo. También comenzó a colaborar con el padre en el tema de actualizar la información sobre las novedades en instrumental médico y equipos que iban apareciendo en el mercado.

A María Emilia, emprendedora como siempre, se le ocurrían ideas de cómo podían mejorarse ciertos procesos en la empresa si contáramos con un software adecuado a nuestra manera de trabajar. Entonces empezó a pedirle al hermano cosas a las que él se comprometía pero se demoraba, y eso la predisponía mal hacia él.

Después de las primeras reuniones, el consultor nos presentó este informe, lo pongo tal cual porque lo tengo guardado:

Informe de familia y empresa - Sara y Guillermo

Procedimientos

Reuniones con:

Sara y Guillermo
Edgardo
María Emilia
Alejandra
Sara
Guillermo
Todos juntos

Las entrevistas fueron semiabiertas, es decir, sin un cuestionario prefijado y con preguntas enfocadas al funcionamiento de las relaciones. El objetivo de estas reuniones fue conocer los puntos de vista de cada uno de los miembros de la familia sobre cómo estaban las cosas y qué idea tenían sobre el futuro, tanto sobre las relaciones, funciones y tareas de cada uno como sobre el negocio en general.

La actitud de todos y de cada uno de los entrevistados fue de cooperación. La percepción es que los entrevistados brindaron su opinión con franqueza y sin reparos.

Antecedentes de la situación actual

La incorporación de la segunda generación, María Emilia primero y Edgardo después, fue creando mayor complejidad al funcionamiento de la familia en la gestión de la empresa. Se alternaban momentos de colaboración con otros de enfrentamiento.

En los últimos meses los conflictos fueron cada vez más frecuentes, al punto de entorpecer la toma de decisiones.

Que las discusiones y reclamos se dieran delante de los empleados o al alcance de sus oídos fue generando malestar en el clima de trabajo, lo que se manifestaba en un incremento en los malos modos al dirigirse unos a otros.

El punto culminante fue una fuerte pelea entre María Emilia y Edgardo delante de los empleados de la firma.

Estado actual

Ante esta situación, Sara y Guillermo pidieron tiempo para revisar el tema y poder hacer algo.

Existe una opinión compartida en cuanto a que los mayores problemas de esta EF están en las relaciones y la falta de claridad en la definición de las funciones de cada miembro de la familia, así como por la ausencia de reglas de juego claras.

Al día de hoy nadie sabe con certeza si se comparten o no los objetivos de la empresa y si todos tienen la misma visión de futuro.

Los problemas de la familia que se exponen delante de todos pueden implicar un riesgo en cuanto al nivel directivo no familiar y en el resto del personal, afectando su lealtad y fidelidad, y el rendimiento. Por lo menos en los empleados que tienen un trato más directo o mayores posibilidades de ser testigos de algunos de los enfrentamientos. Muchas veces no es necesario ser testigo de una situación para percibirla o ser influenciada por ella.

Diagnóstico

La situación es seria pero no grave, aunque está comprometida la viabilidad de la empresa. Sara y Guillermo están cansados, con deseos de ir corriéndose del día a día pero sin poder hacerlo bajo estas condiciones. Existen posibilidades de que las cosas mejoren.

Estas posibilidades se basan en la disposición de todos a avanzar hacia una solución, al menos no dar por cerradas las expectativas, y desarrollar y promover por todos los medios posibles conductas de cooperación en los miembros de la familia.

También es propicia la ausencia de malicia, son todos "buena gente". La mayoría de los enfrentamientos se deben a diferencias de criterios, a estar convencidos de tener la razón ("mi razón es más razón que la del otro"), y menos a "querer" dañar o lastimar al otro. Esto mejora el pronóstico.

Recomendaciones

- Reconstrucción de las relaciones.
- Revisión y reformulación de visión, misión, valores y objetivos de la empresa.
- Trabajo en equipo.
- Profesionalización de algunos procesos en la empresa.

Implementación

Reuniones individuales, de a dos, de a tres y con todos. Deben participar todos los miembros de la familia que trabajan en la empresa.

Objetivos

- Reconstruir los vínculos.
- Transformar la energía competitiva en energía cooperativa.
- Trabajar en equipo.
- Conseguir la viabilidad de la empresa.

Comenzamos las reuniones de trabajo con el consultor.

Primero se reunió con nuestros tres hijos; mucho no sé, pero por lo que me contaron el consultor les pidió que cada uno le dijera al otro cuál era su punto de vista sobre lo que pasaba, y que cuando alguno quería interrumpir el consultor con amabilidad le pedía que esperara, que dejara que terminara de hablar el otro antes de responder.

María Emilia me contó que en un momento en que ella expresaba su disgusto por la actitud de Edgardo el consultor le pidió que, mirando al hermano a los ojos, le dijera claramente qué era lo que tanto le molestaba, que sin agredir ni descalificar se refiriera solo a la conducta. Entre otras cosas, María Emilia le dijo que cuando ella le reclamaba algo Edgardo quedaba callado, por lo tanto no sabía qué pasaba por su cabeza (el padre es bastante parecido). El consultor le pidió a Edgardo que le contara a María Emilia qué sentía cuando ella le hablaba de ese modo y por qué no le contestaba. Edgardo dijo que tenía miedo de hablarle, que ella se irritaba fácilmente, se ponía a gritar y creaba un mal clima, por eso entonces prefería callarse. Mi hija me dijo que no le gustó nada haber escuchado eso pero que el consultor le dijo: "¿Querías saber? Ahora lo sabés, cuando uno quiere saber a veces se encuentra con cosas que le caen mal", y agregó: "En casos como estos, de situaciones emocionales tan intensas, lo mejor es saber, no saber genera confusión e irrita más, ahora que ya saben podemos comenzar a trabajar sobre esto".

Cuando se reunió con nosotros hizo algo parecido. Más aún, en realidad nos pidió que no contestáramos a lo que había dicho el otro, que cada uno dijera lo que quería decir desde sí mismo sin responderle al otro. Nos explicó que cuando la gente hablaba en las reuniones, aunque fueran de dos personas, la mayoría decía cosas referidas a lo que habían dicho quienes hablaron antes. En vez de emitir sus propios puntos de vista, le contestaban al otro lo que había planteado. Nos decía, y nosotros lo sabíamos porque lo vivíamos, que así es como las reuniones se hacen interminables y que pocas veces se llega a alguna conclusión.

Después nos reunió a todos y nos hizo hacer unos ejercicios que nos resultaron útiles.

Nos trajo unas hojas con instrucciones para que escribiéramos algunos temas, allí delante de él, y después nos pidió que cada uno lo fuera leyendo.

Los temas sobre los que teníamos que escribir eran:

1) Qué debe mejorar para que la gestión sea más eficiente.
2) Cuál cree que es el valor que agrega con su actividad a su propia gestión y en general.

A los hijos
3) Cuáles son los aspectos en que mamá y papá deben mejorar en la gestión.
4) Cuáles son los aspectos en que mamá y papá agregan valor a la gestión.

A los padres:
5) Cuáles son los aspectos en que Edgardo y María Emilia deben mejorar en la gestión.
6) Cuáles son los aspectos en que Edgardo y María Emilia agregan valor a la gestión.

Esto nos llevó varias reuniones. El consultor mantuvo siempre la misma actitud, nos ayudó a escucharnos, a respetar el uso de la palabra; si alguno se enojaba o se sentía molesto por algo que había dicho otro le decía: "Miralo y decile qué te molestó". Al otro le pedía que no le respondiera, que solo se diera por enterado, que ya iba a tener oportunidad de decir lo que pensaba.

Nunca habíamos conversado de esta manera. A mí, que me altero con facilidad, me ayudó a que pudieran escucharme y a que yo escuchara a los demás sin sobresaltos. A María Emilia le ocurrió algo similar. De igual manera le sucedió a Guillermo y Edgardo, los ayudó porque se fueron abriendo. Ellos están más comunicativos y nosotras también porque nos alteramos menos.

De los motivos puntuales de la pelea entre María Emilia y Edgardo no se habló más, ni noticias, pero no volvió a repetirse.

Cuando terminamos esta serie de conversaciones hicimos otro ejercicio parecido. Esta vez nos pidió que escribiéramos sobre:

1) Cuáles son las cinco características que debo mejorar/modificar para contribuir a un mejor clima en la toma de decisiones y en la gestión.
2) Cuáles son las cinco características propias que creo que agregan valor a la toma de decisiones y a la gestión.
3) Cuáles son las cinco características que mi hermano/a, padre/madre debe mejorar o modificar para contribuir a un mejor clima en la toma de decisiones y en la gestión.
4) Cuáles son las cinco características de mi hermano/a o padre/madre que creo agregan valor a la toma de decisiones y a la gestión.
5) Cuáles son las tres cosas que más me molestan de la gestión (en general).
6) Cuáles son las tres cosas que más me gustan de la gestión (en general).
7) Necesitaría ayuda en ....
8) Podría ayudar a ...., en ....

Esto también nos llevó varias reuniones. Les diría que a esta altura todas fueron conversaciones amables. No significa que no discutiéramos, pero no sé, era diferente. El consultor participaba con sus opiniones y sugerencias, nos contaba cómo se habían resuelto algunos temas en otras empresas, nos ayudó a ordenar mejor la gestión, pero ya no tenía que pedirnos que escucháramos, habíamos aprendido.

¿La empresa? La empresa tiene muchos menos problemas y cuando se presentan tenemos una mejor dinámica entre nosotros para resolverlos.

Con frecuencia seguimos viéndonos con el consultor.

Guillermo y yo estamos planeando un viaje a Costa Rica para el próximo mes.

CAPÍTULO 2

PROFESIONALIZACIÓN
DE LA EMPRESA DE FAMILIA

Dos viejos amigos empresarios se encuentran de casualidad por la calle, y como ambos tienen tiempo deciden compartir un café en una cafetería cercana.

Al iniciar la conversación, uno le dice al otro:

–Estoy impresionadísimo. Vengo de una empresa… ¡No puedo creer lo bien que funciona!

–No me digas –le dice el otro–, ¿qué empresa es?

–Es una fábrica de zapatos con venta al público.

Y continúa.

"El edificio es espectacular, de esos bien modernos. Entrás y sin tener que esperar te recibe una recepcionista que con una sonrisa te pregunta cuál es el motivo de tu visita.

"Le dije que había venido a comprar un par de zapatos. La recepcionista, sin perder su sonrisa acciona su notebook y me indica que pase por una puerta que ella acciona con un clic de su máquina.

"Se abre una puerta y entro a un elegante hall donde hay otra chica muy elegante que también con una sonrisa me señala un monitor de 32 pulgadas donde parpadean dos leyendas: 'De vestir' y 'Sport'. La empleada me informa que es una pantalla táctil y que elija mi opción.

"Así lo hago, pulso 'Sport'. Se escucha un pequeño ruido, en el monitor aparece una leyenda que dice 'Pase por la puerta de su derecha', miro hacia allá y veo que una de las paredes se abre y da acceso a otro hall muy bien decorado, moderno y sencillo donde un empleado joven y muy bien vestido me señala otro monitor igual al anterior. En este, las leyendas eran: 'Negro' y 'Marrón'.

"El empleado me informa sobre la pantalla táctil y sugiere que elija. 'Marrón', se escucha una voz femenina muy suave que me sugiere tomar el

pasillo de la izquierda. Hacia allá me dirijo mientras que delante de mí se abre una puerta doble. ¡No podía creer cómo funcionaba eso!

"Ingreso a una nueva salita un poco más chica que las anteriores, una señorita también con una sonrisa me ofrece un vaso de jugo de naranja mientras me señala un monitor en el que aparecen las opciones 'Con cordones' y 'Sin cordones'.

"Opté por 'Con cordones' y pensé: '¡Qué bárbaro, qué fácil que hacen todo!'.

"Entro a una sala un poco más chica que las anteriores y te cuento… ni yo mismo me lo creía:

"En esta sala no había ninguna persona pero sí un monitor que me ofrecía: 'Suela común' o 'Suela de goma'. Toco 'Suela de goma'.

"Esperaba encontrarme con esas estanterías llenas de cajas de zapatos pero no…, increíble… Estaba seleccionando mis zapatos sin que nadie me molestara…

"Entro a otra salita con otra pantalla táctil para poder elegir número, decían '38-40', '41-42', '43-44', 'Otros'. Pulsé 41-42.

El otro hombre que hasta ese momento había escuchado pacientemente y sin abrir la boca le dice:

–Disculpame, ya no tengo más tiempo, me esperan en una reunión. ¿Te compraste los zapatos?

–No, no encontré lo que buscaba…, pero ¡qué organización!

Profesionalización

La profesionalización de la empresa de familia es un paso ineludible en el proceso de crecimiento. Como vimos, en los primeros años, cuando un emprendedor comienza sus actividades siguiendo un sueño, una idea, una ocurrencia, quizá esté lejos de pensar que está construyendo el germen de una futura EF.

El esfuerzo es enorme, y el crecimiento es bastante desordenado. El mismo emprendedor y los que trabajan con él son "multipropósito". Lo importante es sacar el negocio adelante.

El paso del tiempo hace que esta modalidad, que hasta ese momento resultó funcional, comience a "hacer ruido", ya no resulta tan funcional. El esfuerzo sigue siendo intenso pero el desgaste va acompañando. El "multipropósito" ya no resulta tan eficiente.

Son muchas más las tareas y estas además requieren más tiempo y son más voluminosas. La asignación diferenciada de tareas y responsabilidades se va produciendo de una manera espontánea, es un primer paso hacia la profesionalización aunque este concepto todavía no esté en la mente del emprendedor.

Seguramente es más gente la que trabaja, existe un crecimiento desordenado; al oficio y al "saber cómo" le hace falta sumar cierta capacidad para dirigir a otras personas, aparecen mayores necesidades de administrar, planificar y diseñar estrategias.

Muchas de estas actividades suelen hacerse en una EF, la mayoría de ellas, como decía antes, de una manera desordenada.

Cuando uno pregunta quién se ocupa de cada cosa las respuestas son variadas, en general cada uno sabe qué tiene que hacer pero acompañado de infinidad de superposiciones y ambigüedades que por momentos se tornan contradictorias, entorpeciendo la marcha del negocio y convirtiéndose en una fuente potencial de situaciones conflictivas.

En una obra anterior[1] preguntaba "¿A qué llamo profesionalización? En general cuando se habla de profesionalización respecto de las EF nos referimos a la contratación de profesionales extrafamiliares para que participen en las actividades de la gestión. Pero también puede referir a la formación y preparación de los miembros de la familia cuando ya no alcanza con la vocación y el entusiasmo. Hoy la competencia ha crecido y mantenerse en el mercado necesita además de la pasión, del conocimiento".

Hoy podemos ampliar y profundizar estos conceptos. También es profesionalizar la empresa el desarrollar buenas

---

1. Eduardo Press: *Empresas de familia*. Ediciones Granica, Buenos Aires, 2011.

prácticas de gestión, en cuanto a la producción, a la administración y a la gestión de personas. Estar ordenados y protegidos legalmente tanto para afrontar conflictos internos como externos. También constituyen parte de la profesionalización las buenas prácticas en las relaciones interpersonales y en la comunicación.

Si todas estas buenas prácticas pueden ser llevadas adelante por los miembros de la familia, bienvenido sea. Si no es así, puede acudirse a personas de fuera de la familia.

Lo más importante es que las realicen quienes tengan las competencias necesarias, sean o no de la familia. Esto es en definitiva lo que diferencia a una empresa profesionalizada de otra que no lo es: que las actividades estén en manos de personas competentes.

En la obra antes citada[2] escribía: "Profesionalizar a *las personas* implica que los miembros de la familia se preparen para realizar las tareas que les correspondan, la portación de apellido no es suficiente formación. Sea que trabajen en la empresa o sean solo accionistas, es bueno que conozcan los asuntos de las distintas áreas de la EF. Del mismo modo, aunque la distribución de funciones y tareas requiera una especialización, también es bueno que todos tengan algún tipo de conocimiento sobre todas las áreas. Cuando se tiene un trabajo estable y seguro, uno de los riesgos es pensar que no se necesita hacer nada más pues trabajamos en una compañía sólida, de la familia y nuestro puesto de trabajo no peligra. Ese es un pensamiento que a la larga puede volverse en contra como un boomerang.

"Profesionalizar *la familia* implica educar a la familia en su responsabilidad como dueña de la empresa, para lo cual se hace imprescindible la confección de acuerdos familiares y normas de convivencia entre la empresa y la familia. Para ese fin trabajar sobre la comunicación se constituye en una herramienta imprescindible.

---

2. *Ibidem.*

"Profesionalizar *la empresa* implica que quienes se hacen cargo de la gestión sean competentes y cuenten con excelente formación, sean de la familia o no.

"Profesionalizar a *los profesionales* implica que aquellos profesionales que trabajan con una EF, contadores, abogados, consultores en comercialización, consultores de calidad, etc., conozcan y comprendan cómo es el funcionamiento de una EF."

Dando continuidad a estos puntos, está comprobado que la aptitud de los que gestionan una empresa son un factor diferencial en la agregación de valor; disponer de gente apta hace una mejor empresa.

La aptitud se consigue con la incorporación de conocimiento. El conocimiento puede adquirirse de maneras muy diferentes. Desde este libro no estoy promoviendo solo y exclusivamente la formación académica, como la de grado y posgrado, aunque tampoco la desmerezco, al contrario. Lo que quiero reforzar es la idea de preparación. Como dije más arriba, ser parte de la familia y tener entusiasmo no es suficiente.

Lamentablemente, no siempre la formación académica es garantía de una buena formación profesional. Ejemplos hay muchos, extenderme en esto no es un objetivo de este libro.

Quiero reforzar la idea de que la profesionalización de la empresa tiene como uno de sus ingredientes la formación profesional (en el sentido de tener el conocimiento) de quienes la gestionan.

Otro de los ingredientes de la profesionalización de la empresa es la profesionalización de la familia. Concientizar la "cabeza" de los miembros de la familia, trabajen o no en la empresa. Estoy hablando de un proceso de mentalización: "soy empresario". Mi colega Antonio Antognoli[3] lo define como "empresarialización de los miembros de la

---

3. Comunicación personal con el autor.

familia". Concepto que comparto plenamente. Apunta a un sentimiento, al sentido de pertenecer, de ser un empresario y no de "trabajo en la empresa familiar".

También es parte de la profesionalización tener reglas claras de convivencia con la familia, sobre el futuro. Generalmente es lo que se plasma en el protocolo de la familia, del cual hablaremos en el capítulo especialmente dedicado a ese tema.

En este punto quiero remarcar que el protocolo es una herramienta necesaria para la profesionalización de la empresa.

Profesionalización de la gestión

Las buenas prácticas de gestión constituyen otra de las patas de la profesionalización.

"La gestión" es un concepto muy amplio, vamos a entrar en algunos aspectos puntuales[4].

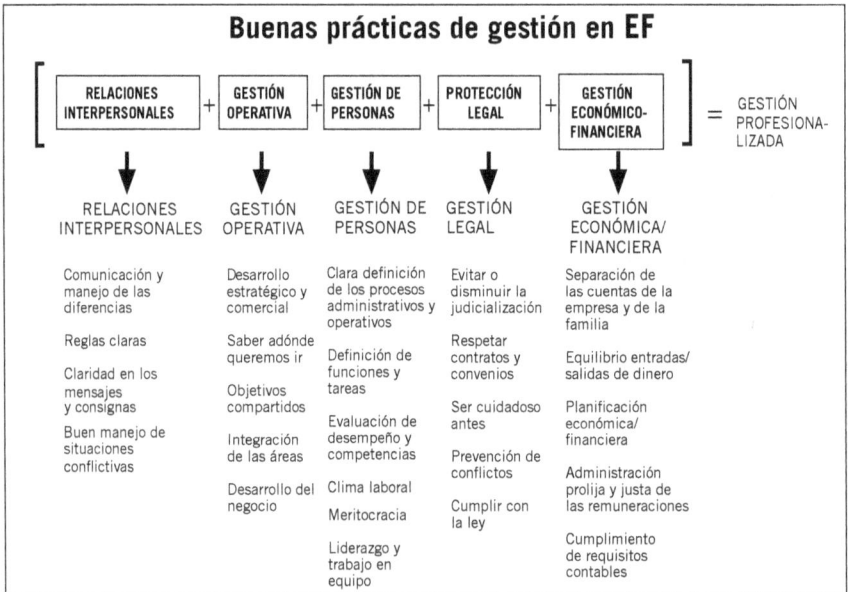

Buenas prácticas de gestión en EF

$$[\text{RELACIONES INTERPERSONALES}] + [\text{GESTIÓN OPERATIVA}] + [\text{GESTIÓN DE PERSONAS}] + [\text{PROTECCIÓN LEGAL}] + [\text{GESTIÓN ECONÓMICO-FINANCIERA}] = \text{GESTIÓN PROFESIONALIZADA}$$

RELACIONES INTERPERSONALES	GESTIÓN OPERATIVA	GESTIÓN DE PERSONAS	GESTIÓN LEGAL	GESTIÓN ECONÓMICA/ FINANCIERA
Comunicación y manejo de las diferencias	Desarrollo estratégico y comercial	Clara definición de los procesos administrativos y operativos	Evitar o disminuir la judicialización	Separación de las cuentas de la empresa y de la familia
Reglas claras	Saber adónde queremos ir	Definición de funciones y tareas	Respetar contratos y convenios	Equilibrio entradas/ salidas de dinero
Claridad en los mensajes y consignas	Objetivos compartidos	Evaluación de desempeño y competencias	Ser cuidadoso antes	Planificación económica/ financiera
Buen manejo de situaciones conflictivas	Integración de las áreas	Clima laboral	Prevención de conflictos	Administración prolija y justa de las remuneraciones
	Desarrollo del negocio	Meritocracia	Cumplir con la ley	Cumplimiento de requisitos contables
		Liderazgo y trabajo en equipo		

4. Cuadro adaptado de la fórmula de gestión de la empresa familiar publicado en Alberto Gimeno y otros: *Modelos de empresa familiar*, Deusto, Barcelona, 2009.

Una buena gestión requiere tener herramientas y metodologías para manejar los diferentes procesos que se dan en el funcionamiento de la empresa.

Relaciones interpersonales/comunicación

En lo que hace a las relaciones interpersonales, en el Anexo I encontrarán un ejemplo de un pequeño esquema sobre buenas prácticas que he diseñado para una empresa. Es solo un ejemplo, no es una receta para aplicar en cualquier empresa ni en cualquier momento. Fue propuesto después de haber trabajado mucho tiempo con los miembros de la familia, fundamentalmente limando las situaciones conflictivas. Si aplicáramos esas reglas mientras aún existieran situaciones conflictivas intensas e irresueltas, ellas carecerían absolutamente de valor.

No se espera que se apliquen de forma puntual y concreta cada uno de los puntos, pero sí sirven para marcar una dirección, un camino hacia la mejora de las relaciones interpersonales. Además, ese pequeño manual no fue una ocurrencia mía sino que surgió de varias conversaciones con los miembros de la familia, quienes aportaron también comentarios de otros empleados. Entonces, este breve manual fue diseñado en función de las necesidades de una empresa en ese momento.

Gestión estratégica

Todas las empresas de familia son gestionadas. No existe algo así como una "no gestión" de la empresa. Puede haber una mala gestión que se caracteriza por el desorden. Este desorden es en gran parte responsable del desgaste tanto físico como emocional que reina entre los familiares de las EF.

Habitualmente el desorden abarca casi todas las áreas (financieras, administrativas y operativas, en la distribución poco clara de funciones y descripciones insuficientes de las tareas). Esto provoca en muchos casos adjudicaciones superpuestas o ausencia de ellas, superposición de tareas, y, por parte de los directivos, instrucciones contradictorias o modificadas sin previo aviso.

Días pasados, en una reunión con toda la familia de una empresa, cuando estábamos tratando si existía la misma visión del negocio el tema derivó hacia en qué debían crecer o expandirse y cuáles serían las formas de hacerlo. Uno de los presentes aportó algo relacionado con lo que hacía la competencia, y surgió la pregunta: "¿Y por qué no podemos hacerlo nosotros?".

En ese momento uno de los hijos expresó con convicción: "¿Cómo vamos a poder hacerlo si no conocemos nuestros costos…?". Esta expresión es demostrativa de un déficit en la gestión.

El objetivo de este libro es expresar con claridad que la forma en que se lleve a la práctica una buena gestión es un ingrediente importante en el proceso de profesionalización de la empresa.

Las EF no suelen conocer qué es y los beneficios que se obtienen si aplican en sus empresas lo que llamamos una buena gestión estratégica.

Quizá por la creencia de que una gestión estratégica del negocio está reservada a las grandes empresas y que trae aparejados grandes costos. No es así, todas las empresas tienen una gestión estratégica, desde las más pequeñas hasta las más grandes, el asunto no es tenerla o no tenerla, sino si es buena o no.

Si se hace una correcta asignación de funciones, permitirá que quienes poseen mayor experiencia, tanto del negocio como de la actividad, puedan delegar tareas y de esa forma podrían apartarse de la vorágine del día a día para ocuparse de la toma de decisiones estratégicas para el negocio. Lo cual no significa un mayor costo sino que le agrega valor a la empresa.

Para verlo más claramente vale la pena hacerse algunas preguntas:

- ¿Conozco las nuevas prácticas que utilizan mis competidores para vender más?
- ¿Estamos investigando el mercado? ¿Qué tecnologías nuevas no estamos utilizando?
- ¿Podemos incrementar nuestras ventas? ¿Cómo?
- ¿Podemos incorporar nuevos productos a nuestro negocio?
- ¿Debemos concentrarnos en vender menos variedad de productos pero mayor cantidad de esos pocos elegidos?
- ¿Necesitamos optimizar costos? ¿Cómo lo hacemos?
- ¿Nos conviene invertir en nuevos nichos de negocio?
- ¿Nos conviene renovar los bienes de uso que utilizamos en nuestro negocio? ¿Compramos nuevas maquinarias? ¿Nuevos equipos de computación?
- ¿Nos conviene tercerizar algunos servicios?

También a modo de ejemplo encontrarán en el Anexo II un ejemplo de una propuesta realizada a una empresa cliente para llevar adelante un proceso de profesionalización. En este caso ya habíamos avanzado en despejar ciertas situaciones conflictivas en las relaciones dentro de la familia. Como en muchos otros casos, se puede avanzar con otros ingredientes para la profesionalización cuando la familia está bien y en ella no existen situaciones de conflicto.

Insisto en que, como en el caso del Anexo I, se trata de solo un ejemplo, no es una receta aplicable a cualquier empresa en cualquier momento.

Gestión de personas

En un artículo para el suplemento económico de un diario[5] escribí que la gestión de personas es uno de los aspectos más desatendidos en las EF.

Uno de los motivos por los cuales se trata de un tema desatendido es que los cargos directivos suelen ser asumidos por algún miembro de la familia, y a los otros cargos erróneamente no se les presta la debida atención, al menos en el proceso de selección. Muchas veces no está claro quién se ocupa de contratar a las personas para ciertos puestos que pueden considerarse menores. Varios son los ejemplos. Las tareas del cadete parecen ser poco importantes, pero un cadete que llegue tarde a un banco podría provocar ese día serios problemas en el saldo de la cuenta del banco sobre la que se hubiera librado un cheque que no podrá ser pagado por no haber ingresado a tiempo el depósito. Los dueños no siempre perciben esto.

En muchas empresas, la tarea de selección es tercerizada a alguna de las consultoras especialistas en selección y búsquedas. Podría pensarse que es una manera de profesionalizar el tema, lo cual es correcto solo en parte. Una vez cumplido el proceso de selección e incorporada la persona a la empresa, la consultora ya ha cumplido su función.

Al ser pymes la mayoría de las EF, no podemos pretender que haya un área específica para la gestión de personas. En empresas entre medianas y grandes sí suele haber una persona encargada del área de RRHH. La mayoría de las veces una sola persona es quien se ocupa de muchos de los temas de esa área, desde la selección de personal, capacitación, vacaciones, inducción al ingreso y desvinculaciones. Muchas veces cumplen la función de llevar información entre los directivos y el personal de la empresa.

---

5. Suplemento iEco, *Clarín*, 11/11/2012.

Suele ser una función complicada porque estas personas tienen que lidiar con los miembros de la familia, tarea nada fácil.

En la actualidad existe más conciencia en los fundadores de EF y generaciones siguientes de la necesidad de profesionalizar la gestión. Aún así, la gestión de personas es de las últimas en ser profesionalizadas. Cuando se le pregunta a un dueño de EF quién se ocupa del área de gestión de personas, las respuestas más habituales son: "La nena" (*sic*) o "Mi señora"…"porque tiene carácter" o "porque sabe llevar bien a la gente". Y la mayoría de las veces estas funciones quedan limitadas al pago de sueldos, control de asistencias, vacaciones, etc.

Cuando hablo de una gestión profesionalizada quiero decir que de quienes cumplen funciones en esta área cabe esperar que asuman la responsabilidad de encontrar las personas adecuadas, que agreguen valor al futuro de la empresa, que permanezcan en ella y que estén atentas al clima de trabajo y a la capacitación permanente.

¿Por qué es tan compleja y difícil la gestión de personas en las EF?

- Los miembros de la familia son los que acceden a los puestos directivos.
- La condición de familiar supera la calificación por méritos.
- Las decisiones dependen de una sola cabeza.
- Existe confusión entre los objetivos de la empresa y los de la familia.
- Habitualmente impera mucho desorden y desprolijidad en la toma de decisiones.
- Las instrucciones y consignas cambian rápidamente y sin aviso.
- Quién o quiénes son los referentes suele ser confuso y/o ambiguo.

- La gestión se organiza alrededor de personas (familiares) y no de funciones.
- No hay detalle de tareas de las distintas funciones.
- Cuando existe un organigrama, lo que de por sí es raro, habitualmente no se cumple.

Por suerte, en la actualidad existe una mayor conciencia de que las buenas prácticas de gestión, ordenadas y planificadas, no están reservadas solo a las grandes empresas y multinacionales sino que pueden ser aplicables en pymes y EF.

Si bien esto se sabe, y muchas veces es un objetivo explícito de los dueños de las EF, no siempre se lleva a la práctica y solo cabe preguntarse por qué.

¿Por qué no se hace?

- Por torpeza e ignorancia. No se considera necesaria la función, siempre habrá alguien de la familia que podrá ocuparse o tendrá "facilidad" y "disposición" para hacerlo.
- Los dueños tienden a hacer todo personalmente, les cuesta delegar. Esperan que las cosas se hagan tal cual las hace él, por lo que es raro que estén conformes con el trabajo que hacen los otros.
- Por lo general los emprendedores buscan más sumisión que eficiencia.
- Una empresa es una estructura formal y racional que es gestionada por una estructura informal y emocional (la familia). Se trata de una problemática mayormente cultural.
- …Porque siempre se hizo así…

¿Cuál es el desafío?

Hay mucho por hacer. Una gestión de personas profesionalizada puede:

- Ayudar a los propietarios/emprendedores a transformarse en empresarios, ayudarlos a que se concentren en lo que hay que hacer y delegar el cómo hacerlo. Este es un cambio cultural de las EF.
- Ayudar a crear conciencia de los beneficios de contar con un buen equipo de gestión y apoyo.
- De no ser así, los mandos medios, en lugar de formar un equipo, se convierten en un grupo de sumisos con un bajo nivel de aporte personal.

Un buen equipo de gestión y apoyo permite que los propietarios/emprendedores piensen y definan las estrategias del negocio. Planificar, generar oportunidades para nuevos negocios y crecer para dejar una empresa sustentable a las siguientes generaciones.

Si se mira con atención el ejemplo del Anexo II podrá observarse que algunos de sus puntos están vinculados a este tema.

Aspectos legales

La protección legal también es un ingrediente de la profesionalización de una EF. Muchas veces el fruto del trabajo de toda una vida se desploma por un descuido o un mal asesoramiento, o por imprevisión al desconocer qué tipo de cosas pueden suceder o a qué fenómenos está expuesta la familia propietaria.

La mayoría de las veces es consecuencia del propio desorden del que estamos hablando. Se trabaja mucho, se crece, se trabaja más, "no tenemos tiempo", "al abogado le consultamos algunas cosas de algunos contratos", así es como una EF queda vulnerable y expuesta a episodios no deseados.

En general encuentro gran desconocimiento en las familias propietarias e incluso en algunos profesionales que no ven las particularidades específicas de una EF. Es cierto que la legislación argentina todavía no le reconoce a la empresa familiar una entidad propia con legislación particular.

Como bien dicen los doctores Eduardo Favier Dubois (h) y Lucía Spagnolo[6], "...cuando las empresas familiares no están suficientemente estructuradas presentan debilidades derivadas principalmente de su informalidad, de la falta de profesionalización, de la falta de planeamiento de la sucesión, de la inexistencia de canales idóneos de comunicación familiar y, fundamentalmente, de la confusión de límites, de fondos y de roles entre la familia, la empresa y la propiedad".

Cuando los autores mencionan "la confusión de límites, de fondos" se refieren a una situación muy común que es la "mezcla" del dinero de la familia y el de la empresa. De este modo, ambas quedan desprotegidas por los riesgos que se pueden asumir de un lado y del otro.

En el camino de lo que estamos viendo en este capítulo sobre la profesionalización de la gestión, los mismos autores dicen: "Sin embargo, tales progresos en los planos de la gestión y de la familia no son suficientes ya que se pueden ver frustrados en el área legal si no se hace, en forma paralela o sucesiva, una estructuración jurídica adecuada que otorgue la mayor fuerza legal posible al 'acuerdo o pacto familiar'".

En este párrafo, cuando los autores mencionan el acuerdo o pacto familiar se están refiriendo al protocolo. Como veremos en el capítulo correspondiente, ellos sugieren alternativas para que el protocolo pueda incluirse en alguna de las estructuras legales de la empresa.

Son muchas las circunstancias que la vida depara a las personas que forman una familia y que además son propie-

---

6. *Herramientas legales para la empresa familiar.* Ad-Hoc, Buenos Aires, 2013.

tarias y/o gestionan una empresa. En estos tiempos, las familias adquieren formas no convencionales, y la entrada a ellas y su salida ocurre de un modo mucho más frecuente que hace cuarenta o cincuenta años atrás, tiempos en los que había, al menos en lo formal, mayor estabilidad.

En este sentido, en la obra citada los mismos autores nos hacen reparar en "…los cambios fácticos y jurídicos que sobre familia-empresa y propiedad imponen el divorcio, las nuevas nupcias, el nacimiento de herederos, la mudanza al extranjero, las adopciones, la incapacidad, la quiebra o el fallecimiento de algún familiar".

Estos conceptos aluden a lo que podríamos llamar aspectos internos de la familia empresaria, pero también están los factores externos que no siempre dependen de uno y para los cuales es conveniente estar preparados. Me refiero a demandas de terceros, juicios laborales, de proveedores, demandas por incumplimiento ya sea de un lado o del otro.

Todas estas cuestiones suelen generar elevados costos que salen del mismo lugar: el producto generado por el trabajo y el esfuerzo de muchos años.

Gestión económica/financiera

El mayor obstáculo para la profesionalización en este punto es la falta de discriminación entre el capital de la empresa y el de la familia. Cuando nace la empresa, cuando aún no participa la familia, como lo hará luego de que se incorporen hijos, nietos, etc., la empresa es una extensión de la persona del fundador. Así, no se distinguen los gastos personales de los gastos operativos, administrativos y de estructura de la empresa, y lo que sobra de la caja a fin de mes es retirado por un dueño.

Cuando se incorporan los hijos, nueras, yernos, nietos, sobrinos y otros de la familia se sigue manteniendo el mismo sistema para los gastos sin tomar conciencia de cómo ello afectará la situación económica/financiera de la empresa. La empresa pasa de mantener una familia de cuatro miembros a mantener a dos familias de seis miembros, y luego a tres familias de ocho miembros, etc.

Este incremento de cantidad de personas de la familia que viven de la misma empresa por lo general no está directamente relacionado con un aumento de los ingresos de la compañía. La EF debe enfrentar un aumento permanente de los gastos de cada integrante.

No solo en lo que respecta a los retiros establecidos para cada miembro de la familia, sino que es habitual ver que de la caja de la empresa se pagan cantidades que no se consideran retiros sino gastos de la empresa, cuando en realidad no lo son. Por ejemplo, cuando se pagan las cuentas de luz o los servicios de las casas de cada integrante de la familia.

En este punto se agrega el derecho ganado por el fundador de la empresa, en general por los padres. Sienten que tienen derecho, trabajaron toda la vida para conseguir lo que hicieron, quieren disfrutar. Entonces disponen los retiros de acuerdo con su necesidad y no de acuerdo con un presupuesto financiero estudiado y establecido. Cuando hace falta se retira dinero. Con un poco de suerte ese retiro queda registrado en alguna parte.

No siempre es tomada en cuenta, o al menos no con la seriedad necesaria, la importancia de tener una administración ordenada y prolija que no solo se encargue de lo urgente del día a día sino también de todo lo relacionado con lo económico y financiero.

En la empresa debe haber una persona responsable de hacerlo, si no tiene la formación suficiente debe estar bien asesorada por un profesional especializado en estos temas.

Es sencillo, todo lo que entra y todo lo que sale debe estar asentado donde y como corresponde. Tan sencillo es que en muchas empresas no se cumple.

Cuando no hay orden en aspectos tan simples como estos

la consecuencia es la imposibilidad de planificar, de prever, de trazar una política económica/financiera para la empresa.

Escuché muchas veces: "Sabemos lo que tenemos que hacer pero no hay plata"; "la plata no alcanza"… En general, cuando esto sucede es porque se gasta más de lo que entra o porque no hay prolijidad en las cuentas.

Cuando se comienza a poner un poco de orden con la participación de profesionales especializados, "milagrosamente" la plata comienza a alcanzar.

En agosto del 2015 entrará en vigencia un nuevo Código Civil y Comercial en la República Argentina, en el cual se modifican varias reglas que impactarán directamente en temas de sociedades y de relaciones comerciales entre familiares, afectará directamente a las familias y por supuesto a las EF". Como bien expresa el doctor Favier Dubois: "Favorece a las empresas familiares con soluciones legales que les permiten evitar conflictos y lograr una mejor programación patrimonial y sucesoria, como son el "pacto de herencia futura", la reducción de la "legítima hereditaria", que pasa de 4/5 a 2/3 en el caso de los hijos, el valor del "protocolo familiar" como contrato y la opción por matrimonios con separación de bienes, entre otras medidas."[7]

Otro tema espinoso es el de la remuneración de los miembros de la familia que trabajan en la empresa. Depende mucho del tipo de forma jurídica que se haya dado a la compañía.

Desde el punto de vista formal los familiares que trabajan en la empresa pueden o no ser parte de la sociedad, sea una SA (accionistas y/o directores) o una SRL (socios y/o gerentes). En el caso de que no sean formalmente parte de la sociedad, pueden figurar en la nómina como empleados en relación de dependencia, cobrar el sueldo correspondiente y la empresa abonará las cargas sociales.

En el caso de que ejerzan funciones técnico-administrativas, sea como directores o gerentes, se los puede incluir

---

7 Eduardo Favier Dubois, "Impactos sobre la actividad empresaria del nuevo código civil". http://www.favierduboisspagnolo.com/

en la nómina de empleados. En este caso la sociedad solo paga por el seguro de ART y puede deducir los honorarios que abone a los mismos. Al estar la sociedad eximida de pagar jubilación y obra social, esta obligación la tiene el director o gerente y debe pagar autónomos y una obra social. Entonces la sociedad puede deducir de sus ganancias todo lo que pague por honorarios y el impuesto lo paga quien los recibe.

En referencia a los dividendos, solo tienen derecho a su cobro los socios de una SRL o los accionistas de una SA. Es decir, los dueños son los únicos que cobran dividendos.

Un socio puede ser gerente, cobrar honorarios por su función por un lado y dividendos como dueño por el otro. En cambio un gerente puede no ser dueño y en este caso solo cobrará honorarios.

A veces las formas legales no se ven reflejadas en la realidad cotidiana, como los hijos que figuran como socios para cumplir con los requisitos legales pero que no reciben ingresos por su calidad de socios.

Más allá del cumplimiento con la forma legal que cada EF se dé respecto a las remuneraciones de los miembros de la familia, no hay reglas universales aplicables a toda EF sobre el tema. Quizá el concepto que deba primar sea el de justicia: ganar lo que se considere justo, y la conformidad de sentir que existe una correspondencia entre lo que se da y lo que se recibe.

A pesar de la subjetividad de la percepción de "lo justo" y de la necesidad de definirlo a través del consenso, conviene establecer normas y reglas al respecto. El protocolo es un instrumento muy adecuado para esto. Si no, a medida que crece la familia dentro de la empresa este punto puede convertirse en una innecesaria fuente de conflictos.

Las dificultades aparecen cuando, como dije en otro lugar, las personas andan con "el centímetro en el ojo" y se la pasan midiendo al del costado. Ahí surgen los problemas.

Otra forma muy común y que también genera dificultades es cuando todos los hijos ganan lo mismo con independencia de su formación, aptitudes, contracción al trabajo, responsabilidades, asignación de tiempo, etc. En general esto responde a un sentido de equidad por parte de los padres que la mayoría de las veces no resulta justo. Es cierto que es difícil hablar de estas cosas, pero mucho más difícil será el futuro cercano si no se lo hace.

Una situación que también genera problemas y que suelo desaconsejar es que las retribuciones estén ligadas a la evolución de la familia o su cronología. Por ejemplo, que los sueldos estén ligados a quienes nacieron primero o que si uno/a de los hijos/as se casa tiene que ganar más, del mismo modo cuando nacen los nietos. Este tipo de situaciones distorsionan la escala de costos por remuneraciones que la empresa puede o debe afrontar.

Es válido el clásico axioma de ganar de acuerdo con los "valores de mercado". Si bien algunas veces puede ser impreciso, es un buen parámetro para considerar e investigar. Los parámetros de referencia deben buscarse en pymes familiares con similitudes a la propia.

Como antes mencioné, al momento de elaborar el protocolo conviene tener en cuenta si la empresa se hará cargo o no de los gastos personales de los miembros de la familia. Si bien cada familia tiene derecho a elegir cómo quiere hacerlo y muchas veces hay ciertos beneficios si la empresa se hace cargo de ciertos gastos (tarifas menores por flotas de telefonía celular, seguros más económicos para los vehículos si figuran como flota de una empresa, etc.), siempre recomiendo estar atentos a que esta situación se refleje prolijamente en la administración y se mantenga el registro por separado de lo que es un gasto personal de lo que representa un gasto de la empresa.

También es importante que los hijos (y padres) que trabajen en la empresa estén inscriptos como corresponde y se cumplan las disposiciones legales sin perder de vista el asesoramiento profesional para lograr la optimización en la liquidación de los impuestos, tanto personales como de la empresa.

Esto también es válido para el resto del personal que no integre la familia.

A nadie le gusta pagar impuestos ni cargas sociales ni hacer gastos que no sean productivos, pero no cumplir con los requisitos legales hace que la empresa esté expuesta a controles y revisiones que la hacen más vulnerable. Llamar la atención de los organismos de control no es aconsejable.

Tener empleados no registrados, sean o no de la familia, implica un riesgo alto. Lo que se ahorra puede convertirse en un costo aún mayor (accidentes serios, divorcios, asesores que buscan lucrar creando litigios, etc.).

Finalmente

Contar con profesionales idóneos que asesoren a una empresa de familia constituye uno de los pilares de la profesionalización. Como bien dice De Urquiza[8]: "Y darnos cuenta de que los profesionales no son un gasto, ni siquiera un ahorro. Son realmente una inversión. Una inversión, a diferencia del ahorro, nos produce dinero. El profesional no solo nos ahorra dinero, sino que nos puede hacer ganar dinero. Por ejemplo, asesorando en el armado de una licitación. O cumpliendo con las normas iso9000, acceder a mercados extranjeros exigentes. O tal vez por un incumplimiento con la afip nos eliminan del registro de proveedores del Estado, y gracias a un abogado que concilia ese juicio, logramos poder venderle al Estado de nuevo".

---

8. Daniel de Urquiza: "Las relaciones laborales en las pymes familiares", https://www.facebook.com/notes/daniel-de-urquiza/las-relaciones-labora-les-en-las-pymes-familiares/10151743930317958

Caso 2. Mi nombre es Manuel

Hola doctor, mi nombre es Manuel. Vine de España cuando era muy chico. Mi papá había llegado antes y después nos fue a buscar. Siempre trabajé con él. Ya hace muchos años que falleció. Conmigo trabajan tres de mis cinco hijos, un varón y dos nenas. Los otros dos, varones, son totalmente independientes, viven en Buenos Aires; Enrique es médico neurólogo y Nicolás kinesiólogo, trabaja para equipos de vóley. También trabaja con nosotros Salvador, el marido de Andrea, mi segunda hija. Lo mismo pasa con la señora de Marcelo, que trabaja con Andrea y su marido. La más chica, Josefina, es la que se ocupa de la administración.

La nuestra es una empresa entre chica y mediana. Producimos aceitunas. Envasamos y vendemos nuestros productos derivados y de vegetales de producciones de terceros, pepinillos, corazones de alcaucil y ajíes dulces. Estamos en una provincia del noroeste del país.

Somos todos gente de trabajo. Mi hijo y yo trabajamos en la finca, y en la pequeña factoría, donde envasamos, es donde trabajan la mayoría de nuestros empleados. Andrea y su marido viven en una zona más alejada y están a cargo del centro de venta y distribución, al oeste de la ciudad. Se trata de un depósito con oficinas, donde también trabaja la esposa de Marcelo.

Algunos de nuestros clientes son importantes, otros medianos y otros chicos. Proveemos el producto en forma directa a una cadena mediana de supermercados, a cooperativas de ciudades del interior a través de una distribuidora, y otra distribuidora se encarga de los productos dirigidos a la exportación. Si bien fundamentalmente nos movemos en el mercado interno, la demanda de la exportación está creciendo.

Es un momento difícil, hay más competencia y los distribuidores nos reclaman ciertos tipos de mercaderías porque dicen que sus propios clientes se los piden. Parece que los gustos del público cambian con frecuencia gracias a los chefs que se ponen de moda, en especial por la cantidad de programas de televisión dedicados a la gastronomía.

Aun así podemos hacer frente a las circunstancias, siempre con mucho esfuerzo y mucho trabajo. Pero el otro día en una reunión, Marcelo y Andrea plantearon su disconformidad por la forma en que estábamos trabajando, que así nunca íbamos a crecer, y que creían que era injusta la manera en que manejábamos el tema de los sueldos y retiros de todos.

Yo no quiero que los chicos se peleen. Mi mujer trabajó mucho en la casa, con cinco hijos no es para menos. Ella está siempre en casa, crió a los chicos y ahora está con los nietos.

La verdad es que siempre sentí que podía resolver cualquier problema que pudiera presentarse en la empresa. Y así fue todos estos años, pero ahora no sé si es porque estoy más grande o qué, pero estoy asustado y me dolió lo que dijeron los chicos. Puede ser que haya alguna injusticia, pero nosotros siempre quisimos ayudar al que necesita y tratamos de ser equitativos. Parece que no todos lo ven así, y ahora me cuesta manejar la situación.

Nosotros estamos grandes y no queremos que nuestros hijos se peleen ni ahora ni el día de mañana, cuando nosotros no estemos.

Mi hija más chica había estado hace dos años en un curso sobre empresas familiares en la capital de una provincia vecina. Comentó entonces que le había gustado la forma en que el instructor encaró el tema. Era un consultor de Buenos Aires, especialista en este tipo de empresas.

Mi hija ya nos había dicho que uno de los puntos que más le llamó la atención fue que habló sobre los beneficios de profesionalizar la empresa. Que el consultor había dicho en el curso que profesionalizar era un proceso que podía ayudar a ordenar la empresa, hacerla crecer y ser más competitiva.

Aprovechando que tenía que viajar a Buenos Aires por unos temas de salud de mi esposa, estuvimos todos de acuerdo en que contactara al consultor y, si podía, que tuviese una reunión con él. Así lo hicimos y viajé con la cita arreglada.

Una vez en Buenos Aires me reuní con él, yo solo. Le conté mi preocupación; me hizo varias preguntas y él entendió muy bien lo que le contaba. Me propuso hacer un viaje por un día a nuestra ciudad para hacer una evaluación, conversar con cada uno de la familia y después cerrar con una reunión de todos juntos.

Nos pusimos de acuerdo sobre el día en que viajaría y finalmente nos visitó en nuestra ciudad.

Cuando llegó se instaló en la sala de reuniones e hizo las entrevistas individuales con cada uno.

Las reuniones de todos juntos fueron en nuestra casa, hicimos una merienda de trabajo durante la cual íbamos discutiendo con la ayuda del consultor los temas que nos preocupaban.

A nadie le pregunté nada sobre lo que habían hablado con el consultor, lo único que les decía era "¿bien?". Todos me fueron diciendo que sí, y eso me conformaba.

Tradicionalmente nuestras reuniones siempre eran a los gritos, fuertes, discutíamos mucho. Mi mujer nunca participaba, pero esta vez estuvo presente y también tuvo la reunión ella sola. Fue interesante, todos pudimos hablar y decir lo que pensábamos, el consultor nos ayudó a escucharnos y a no empezar enseguida a discutir. Nos enseñó a no interrumpirnos y a esperar a que el otro terminara de hablar.

Lo primero que hizo cuando nos reunimos fue mostrarnos una presentación con frases e imágenes, y nos iba explicando que por lo general la familia busca mantener la armonía, mientras que el capital busca rentabilidad y que el negocio necesita una buena gestión.

Después nos dijo que teníamos que revisar todo eso porque "hacía ruido", que era "medio peligroso" si no hacíamos algo por la armonía de la familia, por el patrimonio y el negocio. A pesar de lo duro que parece, no me molestó porque entiendo que es así, por eso lo llamé. Nos habló de cómo todos los temas estaban atravesados por las emociones y después nos dio la palabra a nosotros y fue haciéndonos preguntas. Me di cuenta de que a él le importaba que cada uno entendiera lo que quería decir el otro. Eso nos ayudó, sobre todo entre las chicas y Marcelo.

Con mi hija, la segunda, fue sorprendente. Nadie le saca una palabra ni con una tenaza, pero entonces habló bastante, explicó muy bien lo que pensaba y cuáles eran sus ideas de cómo teníamos que progresar. Lo sorprendente para mí fue que no sabía que Andrea tenía esas ideas, nunca antes la había escuchado.

Nos dejó una copia de esas imágenes. Lo que nos mostró fue así:

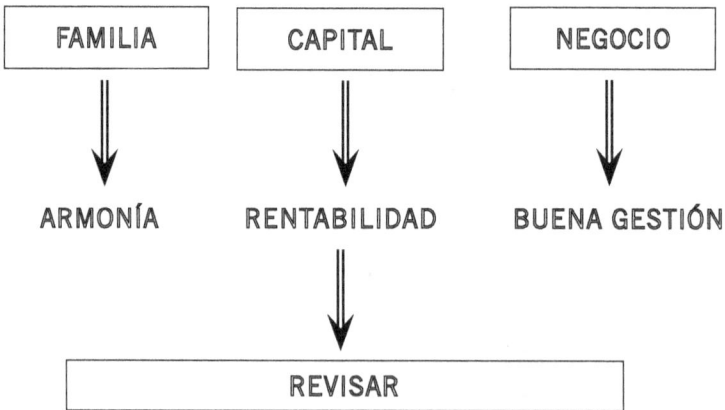

FAMILIA	CAPITAL	NEGOCIO
⇓	⇓	⇓
ARMONÍA	RENTABILIDAD	BUENA GESTIÓN

⇓

REVISAR

Nos dijo que teníamos mucho desorden, que eso nos ponía en riesgo y que había que empezar a ordenar, desde las relaciones, la situación legal y el manejo del dinero. Nos preguntó si teníamos algún plan del negocio, y la verdad es que no tenemos ninguno. Lo único que hacemos es trabajar y vender; parece que si uno lo hace con la familia, eso solo no alcanza.

⇓

```
PROFESIONALIZAR
```

Cuando terminó su reunión general y antes de regresar a Buenos Aires nos dijo que nos iba a enviar una propuesta de trabajo para desarrollar esos puntos.

Efectivamente, así fue. A los pocos días de su viaje nos envió una propuesta de realizar tres reuniones en nuestra ciudad, una vez por mes. Se comprometió a enviarnos por correo electrónico temas y preguntas para que fuéramos pensándolo y así tratarlo cuando él viniera.

De esas reuniones participaron también el esposo de Andrea y la esposa de Marcelo.

Ah…, me olvidaba, también se reunió en Buenos Aires con Enrique y Nicolás. Nos explicó (el consultor) que aunque no trabajaran en la empresa eran de la familia y quería conocer sus opiniones y puntos de vista, así como qué ideas tenían del futuro de la empresa y del vínculo con sus hermanos.

En uno de sus mensajes antes de regresar nos sugirió comenzar a trabajar en los siguientes puntos.

1) Necesidad de crecimiento como manera de subsistir de la empresa.
2) Cómo "saltar" el cerco de la estacionalidad.
3) Salir de la trampa "para lo que necesitamos hacer necesitamos tiempo, y como tiempo no tenemos, no lo podemos hacer". Lo definió como trampa porque lo único que genera es estancamiento.
4) Mejorar la comunicación, fundamentalmente entre los hermanos.

Cuando regresó, al mes, lo primero que hizo fue reunirse conmigo otra vez a solas. Me dijo que era una especie de cierre de la primera etapa que también comenzamos él y yo solos. Me tranquilizó, me dijo que tenía buenos hijos, que se querían, que se sentían bien como hermanos y que pasaban cosas como pasan en muchas familias, que son cosas entre hermanos pero que confiara.

Durante la mañana se reunió con los matrimonios, tanto con nosotros como con mis hijos casados. Luego, después de una pausa para almorzar, nos reunió a todos de nuevo en nuestra casa otra vez.

No sé si será la esperanza porque todos hayamos podido hablar y escucharnos o qué, pero para mí este último mes en la empresa fue más tranquilo y productivo, y estar con la familia, más reconfortante.

En la reunión de todos el consultor nos hizo un repaso de la presentación que ya habíamos visto y agregó algunos datos que fue recogiendo de las reuniones que había tenido por la mañana con los matrimonios. Reiteró que en las condiciones en que estábamos trabajando tanto la empresa como la familia estaban en riesgo, porque había disconformidades entre los hermanos, que nadie estaba satisfecho con cómo estaban las cosas, y repitió que nuestra manera de manejar el negocio era bastante desordenada.

En la primera reunión que tuvimos cuando fui a Buenos Aires le había contado que con las propiedades de la finca, el depósito y nuestra casa teníamos un lío que me tenía medio preocupado. No sabía cómo ordenar las cosas, sobre todo teniendo en cuenta a mis hijos de Buenos Aires. Todas las propiedades, la finca, la factoría, el depósito, los vehículos, todo está a nombre mío, personal. Recuerdo que le había llamado la atención y me dijo que más adelante íbamos a volver sobre ese tema.

Yo no me daba cuenta que existía tal disconformidad con la forma como estábamos trabajando. Para mí las cosas estaban bien hasta que Marcelo y Andrea expresaron su desaprobación, pero tanto mi mujer como mis hijos, mi nuera y mi yerno pensaban que lo que decía el consultor estaba acertado y concordaban con él.

Entonces nos dijo que teníamos que prestar atención a todos estos temas y que debíamos ser más profesionales: ordenar los números, planificar, diferenciar funciones. La verdad es que entonces empecé a entender y me resulta sensato lo que nos dice. Mis hijos están muy contentos porque dicen que eso es lo que tenemos que hacer y hacia donde debemos caminar. Yo les miraba las caras y me complacía ver sus expresiones de afirmación.

Nos dijo también que para que nos fuera bien teníamos que revisar algunos aspectos antes de iniciar el proceso de profesionalización. Nos habló de lo que llamó costos ocultos, esas cosas que no aparecen en los balances de la empresa.

TRATAR ALGUNAS CUESTIONES
PARA PODER CAMBIAR LA GESTIÓN

⇓

COSTOS OCULTOS

Y nos mostró una lista.

- Creer que los problemas no existen si los ignoramos.
- Desorganización.
- Asignar tareas que implican responsabilidad y autoridad poco claras… y cambiarlas.
- Decidir sin evaluar las consecuencias de las decisiones.
- No planear ("total… en Argentina, y más en este momento, es imposible").

- Estar siempre "ocupado".
- "Lo hicimos así toda la vida, y nos fue bien... ¿Por qué deberíamos cambiar ahora?"
- No se sabe si todos comparten la visión del negocio.

Nos propuso empezar por este último punto. Nos preguntó qué idea teníamos de cómo estaba el negocio, qué tendríamos que hacer para mejorar.

Comenzó conmigo por ser el mayor y el padre. Dije lo que pensaba: teníamos que cuidar mucho las cosas, no era momento de hacer cosas nuevas...

Mi mujer rápidamente participó para decir que pensaba distinto, que teníamos que esforzarnos para mejorar y buscar novedades para crecer. El consultor le explicó que era necesario mantener un orden y que cada uno iba a tener la oportunidad de decir lo que pensaba, y que los demás debían permitir que cada uno terminara de exponer su opinión.

Y así nos fue dando la palabra a uno por uno. Mi mujer, mi hija mayor, su marido y todos nosotros fuimos diciendo lo que pensábamos; no fue en un orden estricto, pero con la ayuda del consultor logramos hacerlo de forma ordenada.

Finalizamos con un resumen que nos hizo el consultor con los puntos más importantes y nos dejó tarea para realizar hasta su nueva visita al mes siguiente. Se comprometió a enviarnos preguntas sobre algunos de esos temas, y a su vez nosotros nos comprometimos a reunirnos un par de veces en ese mes para conversar a partir de sus preguntas.

En mi caso, que me pasé la vida en la finca y en la envasadora, me cuesta pensar en esos temas. Los demás tienen la cabeza más abierta y piensan que tenemos que ampliar nuestro negocio, crecer, diversificar, pensar en una mejor organización. Me da un poco de miedo pero me doy cuenta de que tienen razón. Mi mujer me ayuda mucho en esto, ella tiene mucha fe en nuestros hijos.

El consultor nos dejó algunas preguntas sobre cómo se manejaban nuestros competidores; nos pidió que pensáramos en las cosas que hacía la competencia, que no estábamos haciendo y que nos mejoraría si las hiciéramos, y por qué los otros podían llevarlas adelante y nosotros no.

Se armó una charla muy interesante a pesar de que el consultor no estaba, pero teníamos presente la forma en que nos había ayudado en las reuniones anteriores. Mis hijos opinaban que no podíamos hacer lo que hacía la competencia por falta de comunicación entre los que estábamos en la finca y los que estaban en el depósito, que por eso había desinteligencias, entregas a destiempo y quienes vendían no podían cumplir con los clientes.

Después, mi hijo dijo que para él lo más importante era que no podíamos calcular nada porque estábamos muy metidos en el día a día y no nos poníamos a pensar hacia adelante. Yo dije que en nuestro ramo es muy difícil calcular. Quedamos en comentar estas cosas con el consultor cuando viniera.

Al mes volvió, entonces le comentamos estas inquietudes. Nos explicó que si bien no era un especialista en nuestro rubro no tenía dudas de que muchos aspectos de nuestro negocio se podían prever y planificar, pero que para eso necesitábamos contar con información, que si no tenemos información, números, estadísticas, es muy difícil pensar en crecer, ampliar o planificar. Nos pidió que revisáramos movimientos, entradas y salidas de los últimos tres años de la finca y de la factoría, de las distintas variedades de aceitunas que producimos y de la variedad de productos derivados que elaboramos.

Ahí nos dimos cuenta de toda la improvisación que teníamos en el manejo del negocio.

En muchas reuniones nos poníamos de acuerdo en que había que hacer tal o cual cosa y quiénes lo iban a hacer, pero después no se llevaban adelante las decisiones tomadas. No manteníamos ese compromiso.

Mi esposa dijo que estaba sorprendida y contenta de ver cómo todos cumplíamos con las tareas que nos encargaba el consultor, quien nos pidió a cada uno que completáramos un formulario con nuestra opinión personal sobre las oportunidades y amenazas, fortalezas y debilidades del negocio.

Estos temas que estuve contando recién los fuimos conversando una vez completados esos formularios. Fue muy importante porque nos obligó a pensar en cosas que antes no habíamos pensado de forma tan ordenada. Los muchachos estaban contentos porque decían que los habían ayudado a ordenar los temas.

Hasta ahora estamos así. Terminada la segunda reunión, el consultor regresaba a Buenos Aires. Lo estaba llevando al aeropuerto y …qué satisfacción y tranquilidad sentí cuando me dijo: "Tenés muy buenos hijos, podés estar bien orgulloso de ellos, tené confianza, discuten porque quieren que las cosas mejoren…".

No sé…, esa noche dormí más tranquilo.

El mes que viene tenemos la próxima reunión.

Esa tercera reunión fue la semana pasada. Retomamos los temas que planteó el consultor con un repaso y nos pusimos a trabajar sobre las planillas del análisis que nos pidió; leyó lo que cada uno había escrito con respecto a las fortalezas primero y a las debilidades después.

En realidad fue una larga conversación entre todos. Fue importante darnos cuenta de que prácticamente coincidíamos tanto en una cosa como en la otra. Para mí lo más importante es que haya diálogo y no discusiones. Yo creí que podíamos conversar porque estaba él que moderaba.

Sin embargo, nos dijo que lo que estábamos haciendo era aprender formas nuevas de conversar, que era como una gimnasia, que por ahora era así con él presente, pero si practicábamos íbamos a poder hacerlo cuando estuviésemos reunidos solos.

En esa reunión el consultor nos ayudó mucho a resolver un viejo entripado que había entre mis dos hijas; las ayudó a conversar, cada una dijo lo suyo, y finalmente se dieron un abrazo y eso me puso muy feliz.

Después leyó y conversamos sobre las oportunidades y las amenazas. Muy interesante fue comprobar la cantidad de oportunidades que teníamos y que por no conversar no habíamos tenido en cuenta.

A los pocos días de la reunión nos envió un resumen de lo que entre todos definimos como fortalezas, debilidades, oportunidades y amenazas.

Nos dejó tareas para la próxima reunión. Por un lado que pensáramos todos juntos cómo hacer para mantener las fortalezas, corregir las debilidades, aprovechar las oportunidades y afrontar las amenazas. Y por otro, una serie de puntos a desarrollar sobre cómo armar un plan de negocios, revisar nuestras ventas (cuáles productos se vendían más y cuáles dejaban más ganancias), explorar el perfil de nuestros clientes y la relación categoría/tipo de cliente con nuestros productos, analizar nuestros costos de productos y de estructura. Nosotros no contamos con toda la información que necesitaríamos para hacer los análisis de los que nos habla el consultor. Él mencionó algo así como ser un poco más proactivos, ya que dependemos mucho de la información que nos dan los distribuidores, pero no tenemos información propia sobre el consumo de nuestros productos.

Procedencia	+	−
Interior	**FORTALEZAS**	**DEBILIDADES**
	Ganas de crecer Experiencia. Actualización (de productos que elaboramos y de maquinaria). Sólidos económica y financieramente. Amor en la familia y deseos de continuar la empresa. Manejarnos con rectitud. Trayectoria. Somos reconocidos en el mercado. Trato personalizado a los clientes, buena atención y servicio. La mayoría compartimos la idea de buscar siempre más. Nos tenemos confianza. Nuestro apellido es una marca prestigiosa.	Solo nos autofinanciamos. Falta de planeamiento. Falta de comunicación (entre finca y depósito). Indefinición de responsabilidades. Falta de evaluación y autoevaluación de cada uno. Descalificación de los otros (entre nosotros). No somos proactivos. Somos muy pocos para hacer mucho. No tenemos contactos que nos faciliten las exportaciones.
Exterior	**OPORTUNIDADES**	**AMENAZAS**
	Demandas de nuevas variedades de aceitunas y productos que podemos desarrollar. Nuestro producto interesa más a la nueva camada de chefs. Mayores posibilidades de ventas si nos organizamos mejor. Posibilidades de extendernos a provincias vecinas y a la exportación. Producto no sujeto a temporada. Hay mayor cantidad de especialistas en gastronomía y más sofisticados que encuentran nuevos usos para nuestros productos. Más "onda natural" para la gastronomía. Posibilidad de ventas on line. Nuestro producto está siendo más atractivo en el exterior.	Mayor competencia. La competencia tiene mejores contactos que les facilitan las exportaciones. Inestabilidad en los precios de venta y de compra de insumos. Cambio climático. Dificultad en encontrar mano de obra calificada. Alta rotación de la gente. La inestabilidad en la economía del país, en general. Dificultades en la logística para la exportación. La actualización tecnológica requiere cada vez mayor inversión.

La próxima visita del consultor será en 20 días.

BUENAS PRÁCTICAS DE RELACIÓN/COMUNICACIÓN

Dirigido a

Directores, gerentes, encargados, asistentes, empleados.

Antecedentes

Las personas pasamos muchas horas en nuestro lugar de trabajo; es responsabilidad de todos y de cada uno generar allí un clima amable que genere un contexto donde se pueda trabajar "con todas las luces".

Prepararse para la comunicación consiste en generar un hábito a partir de la práctica. Primero uno se siente torpe y hasta ridículo; superado ese momento, que es parte del proceso, casi sin darse cuenta las nuevas prácticas se incorporan como un nuevo hábito.

En la comunicación no existen fórmulas mágicas, pero vale la pena tener en cuenta algunas cuestiones que permiten sacar mayor provecho del encuentro entre las personas y que la comunicación se convierta en una herramienta de gestión.

En las organizaciones existen dos modalidades de comunicación: la formal y la informal. La primera es la que circula por los carriles que corresponden al momento, lugar y personas adecuados. La informal es la que circula por otros carriles: comunicaciones "al paso" (pasillos, ascensores, *toilettes*) o en los momentos de descanso, almuerzos o en espacios para el café, incluso lo que hoy día se define como *after office*.

Ambas modalidades son necesarias porque cumplen funciones distintas. Los excesos en cualquiera de ellas genera riesgos para la organización. En el caso de la formal la consecuencia es que se convierta en una organización rígida que cree un clima de trabajo poco amable; en el de la informal, es que se transforme en una comunicación tóxica que lastime y dañe los vínculos, y que por lo tanto también genere un clima de trabajo poco amable.

Cuestiones generales

- Según sean los temas que se traten, es recomendable mantener siempre el mismo interlocutor para evitar interferencias y malentendidos.
- Deberían reducirse las comunicaciones innecesarias que no le agregan valor a los asuntos que se tratan (chismes, comentarios sobre las personas, rumores). Sabemos que son inevitables, pero también sabemos que pueden reducirse.
- Es recomendable, cualquiera sea el medio por el cual se tome contacto, preparar lo que se quiere decir, tener claro cuál es la información que se va a brindar o solicitar, pedir tiempo si es necesario para ofrecer una respuesta adecuada.
- Todo contacto, ya sea cara a cara, telefónico, por mail o sms, debe estar basado en el *respeto a la otra persona, la cordialidad y la "buena onda".*
- La comunicación no solo consiste en las palabras que se dicen sino también en gestos, tono de voz y actitud corporal.
- Lleva el mismo tiempo y da mejores resultados actuar con cortesía que en forma hosca y brusca.

Encuentros personales

- Es de buena educación saludar al llegar a la empresa y al retirarse, con cordialidad, independientemente del estado de ánimo que se tenga y la mayor o menor simpatía que la otra persona despierte.

- En las reuniones personales, ya sean breves o prolongadas, recomendamos mirar a los ojos a la otra persona.
- Escuchar sin interrumpir. Esperar que la otra persona termine para iniciar el propio parlamento.

Encuentros telefónicos

- *Sonreír.* La sonrisa se nota en el teléfono: hace la voz más cálida.
- *Hablar lentamente* (aunque se esté apurado). Es la única manera de asegurarse que lo van a escuchar.
- *Escuchar.* El otro tiene que darse cuenta de que lo están escuchando (sí, ya veo, etc.).
- *Tomar nota.* Si se toman notas de lo que le dicen, se recordarán mejor las ideas y se evitará hacer repetir.
- *Información.* Solicitar y ofrecer información con amabilidad. Agradecer al recibirla. Aceptar si el otro no tiene la información a la mano y necesita tiempo para buscarla.
- Si es uno el que llama, lo primero es preguntar si el otro puede conversar en ese momento o prefiere postergar la comunicación.
- *Tener en cuenta.* Una llamada puede interrumpir al otro y resultar inoportuna; la comprensión es más dificultosa en el teléfono, es más difícil mantener la atención.

Encuentros vía mail, intranet o sms

- Los mensajes escritos tienen la *ventaja* de llegar en vía directa e instantánea al interlocutor.
- Tienen la *desventaja* de carecer de indicadores del modo como deben ser tomados (gestos, tono de voz, etc.), con excepción del uso de emoticones.

- Es recomendable ser sumamente *cuidadoso con el humor* (chistes y dobles sentidos), dar a entender algo en lugar de decirlo; todo eso puede ser mal interpretado y puede provocar malentendidos.
- Es preferible limitarse a redactar el mensaje estrictamente necesario.
- Siguen siendo válidas las consignas de *saludar al inicio y despedirse al final*. Ningún apuro debe hacernos olvidar las reglas de cortesía.

Tenga presente

En lugar de hacer una PROTESTA, haga una PROPUESTA; cuando sienta que quiere expresar una QUEJA, haga un PEDIDO; cuando tenga una DUDA, haga una PREGUNTA.

Final

La presencia de estas conductas no garantiza un buen clima de trabajo, pero su ausencia sí garantiza un mal clima.

Desarrollar estas prácticas lleva tiempo, constituye todo un proceso; lo importante es poder avanzar sin prisa pero sin pausa. Cuanto más se practique mejor va a salir.

OBJETIVO: PROFESIONALIZAR LA EMPRESA

Significado de la profesionalización

- Pasar de la gestión instintiva y de resolución de los temas "sobre la marcha" a la gestión basada en la planificación y el control, con funciones distribuidas y asignando responsabilidades.
- Aplicar métodos de desarrollo y planificación estratégica.
- Necesidad de estandarizar los procesos, tanto operativos como administrativos y financieros.

Etapas de la profesionalización

1. Desarrollo del producto de la empresa - Revisar.
2. Desarrollo de los procesos - Parcialmente desarrollada.
3. Planeamiento estratégico - A desarrollar.
4. Elaboración del protocolo de la EF.

Pasos a seguir para llegar a la profesionalización

- Relevar funciones actuales.
- Relevar procesos actuales operativos y administrativos-financieros.
- Relevar las herramientas de información disponibles.
- Diagnosticar la situación actual.
- Redefinir funciones.
- Redefinir procesos.
- Implementar herramientas informáticas.
- Definir parámetros para la evaluación de desempeño.

Iniciar el desarrollo de un plan estratégico
Desarrollo de un plan estratégico

- Revisión de la visión y misión.
- Definición de objetivos estratégicos.
- Definición de acciones estratégicas y planes de acción.
- Definición de indicadores de medición.
- Definición de etapas de revisión y corrección.

Etapas 1 y 2
Metodología de revisión de funciones y procesos

- Reuniones individuales y/o grupales de relevamiento.
- Elaboración de diagnóstico.
- Propuesta de mejoras.
- Aprobación de mejoras.
- Implementación y control de los cambios propuestos.

Etapa 3
Metodología del planeamiento estratégico

Reuniones grupales con el equipo de dirección en las que se realizarán las siguientes actividades:

- Revisión de la visión y misión.
- Definición de objetivos estratégicos.
- Definición de acciones estratégicas y planes de acción.
- Definición de indicadores de medición.
- Definición de etapas de revisión y corrección.

Ejemplo de preguntas

Fecha

Nombre:

Área de desempeño:

Horario de trabajo:

Relevamiento de funciones y responsabilidades

- Describa brevemente las tareas que realiza.
- Describa brevemente cuál es el proceso para desarrollarlas.
- ¿Cuál es su responsabilidad en el cumplimiento de dichas tareas?
- ¿De quién depende jerárquicamente?
- ¿Quién depende jerárquicamente de usted?
- Describa con qué personas interactúa para realizar sus tareas.
- ¿Conoce la totalidad del proceso del cual forma parte su tarea?

CAPÍTULO 3

TRANSICIÓN GENERACIONAL EN LA EMPRESA DE FAMILIA

Los gerentes y mandos medios de la empresa reciben un memo en el cual los citan a las 15 horas en la sala de reuniones para una junta con el presidente.

La empresa estaba funcionando muy bien, no existían conflictos serios, los problemas eran perfectamente solucionables y el clima laboral, bueno. Debía de ser algo importante, pero no sabían qué.

El presidente los recibe con una sonrisa, hace pasar a todos, pregunta si están bien acomodados y los saluda. De una manera, diríamos, cariñosa y emotiva, relata una breve historia de la empresa.

Aclara que lo hace porque hay algunos que lo acompañan desde hace tiempo y otros más nuevos que no la conocen.

En un determinado momento se dirige especialmente a uno de los empleados y mirándolo a los ojos le dice:

—Roberto, has trabajado en esta empresa durante un año. Comenzaste en el depósito, una semana después fuiste promovido a ventas, y un mes más tarde a gerente de distrito del departamento de ventas. Apenas cuatro meses después fuiste promovido a vicepresidente. Ahora ha llegado el momento de mi retiro como presidente y quiero que tomes mi lugar. ¿Qué dices a eso?

Sorprendido, Roberto tímidamente balbucea un "gracias".

El presidente, también sorprendido, le dice:

—¿Gracias? ¿Eso es todo lo que puedes decir?

—Supongo que no —dijo Roberto—. Gracias, papá.

La transición

La mayor expectativa de vida y la convivencia de dos o más generaciones pone el tema de la transición generacional en la cima de las preocupaciones en una EF. Por supuesto que si decimos convivencia de dos o más generaciones estamos hablando de una empresa con muchos años de existencia que obviamente se mantuvo y creció, y por lo tanto, pudo incorporar a los hijos de los fundadores y a los hijos de los hijos.

¿A qué llamo transición generacional? Habitualmente se piensa en un cambio de persona en la dirección, el paso de un fun3dador a una segunda generación o de alguien de una segunda generación a otro de una tercera generación. El concepto va un poco más allá del cambio de personas. En primer lugar tenemos que decir que se trata de un proceso. Como bien lo afirma el profesor Josep Tápies[1]: "Confunden la sucesión con un acto simbólico en el cual entregan el cetro a la persona elegida, en vez de pensar en un proceso que requiere la planificación paralela entre el proyecto de la empresa y el de la familia".

Este proceso de transición es el de una empresa dirigida y gestionada por un dueño que pasa a otra con hermanos dueños y con hijos, primos, sobrinos que trabajan en ella y participan en la gestión.

Entonces tenemos no solo la transición de la propiedad, sino también la transición en el proceso de toma de decisiones, que generalmente comienza bastante antes que el cambio patrimonial (salvo fallecimientos o discapacidades súbitas). Decisiones que antes tomaba una sola persona pasan a ser compartidas con otra u otras.

Son momentos difíciles.

---

1. http://blog.iese.edu/empresafamiliar/2013/que-pasa-si-nadie-quiere-continuar/

Escribía en una obra anterior ya citada[2]: "La transición es un tema muy complejo, que se quiere y se rechaza, que se desea y se teme. Los hijos ven a los padres 'anticuados', los padres ven a los hijos 'modernosos' y sin experiencia. Tanto unos como otros quieren y temen el cambio al mismo tiempo".

Y agregaba más adelante: "¿Qué les pasa a muchos dueños/fundadores que postergan conversar y tratar abiertamente el tema de la transición? Se sienten desbordados por incertidumbres referidas a:

- *"Lo económico,* resistencia y temor a tener que depender económicamente de los hijos y no poder disponer libremente de su patrimonio;
- *"A la vida misma,* por no tener (o no saber) qué hacer; temor al aburrimiento, a la soledad, a la pérdida de las relaciones sociales;
- *"Por desconfianza* en la capacidad de sus hijos porque considera que los hijos no están aún preparados; los 'grandes' todavía ven a los hijos como 'chicos' y no los consideran todavía aptos para hacerse cargo de la empresa de la familia. Esto es independiente de la preparación, estudios o experiencia 'verdadera' que los hijos tengan.
- *"Por temor a conflictos* entre los hermanos, por no saber cómo hacerlo sin crear problemas entre los hijos; muchas veces la ignorancia y la negación de esa ignorancia llevan a insistir en un camino de postergación sin solicitar la ayuda adecuada y sin compartir los temores.

"¿Cuáles son las incertidumbres propias de las nuevas generaciones?

---

2. Eduardo Press: *Empresas de familia.* Ediciones Granica, Buenos Aires, 2011.

- *"Desconfianza en la propia capacidad,* por la inexperiencia, por no haberse sentido confirmado o por haber crecido al amparo del paraguas de sus padres, muchos jóvenes (y no tanto) temen hacerse cargo de las riendas del negocio familiar.
- *"No sentirse lo suficientemente formado.* Parte de la desconfianza anterior está referida a los estudios. Muchos creen que la formación teórica no les servirá para el día a día en la EF, otros dilatan las cosas anotándose en posgrados o cursos que si bien son necesarios no tienen por qué ser incompatibles con la asunción de mayores responsabilidades (cumplen una función de postergación).
- *"Sobre la relación entre hermanos.* Muchos hermanos se acostumbraron a contar con la mediación de papá o mamá para manejar sus conflicto; la ausencia de esta contención en el trabajo los puede atemorizar. Tener que decidir sobre quién de todos está en mejores condiciones para asumir la más alta dirección de la EF se torna muchas veces en una misión imposible.
- *"Sentimientos ambivalentes* de temor y comprensión al tener que enfrentar la decadencia y deterioro de los padres. A muchos hijos les cuesta muchísimo aceptar que ambos padres o alguno de ellos no esté en condiciones de seguir al frente de la EF. Cuesta más aún si además va acompañado de algún tipo de deterioro físico. No es un tema fácil la inversión de las relaciones, pasar en un período breve de depender de los padres a que estos dependan de los hijos, sea una situación real o imaginaria."

Como bien dice mi colega Natalia Christensen[3]: "Los padres empresarios deben aceptar que sus hijos han crecido y

---

3. http://www.laempresafamiliar.com/informacion/articulos/articulos-en-abierto/5168-emancipacion-de-la-siguiente-generacion-y-empresa-familiar

madurado como personas adultas, verlos capaces de tener una vida independiente y con la suficiente autonomía para enfrentarse ellos solos a la vida y a las dificultades que van a presentárseles".

Y agrega: "En ocasiones, este cambio trae sentimientos de extrañeza, vacío y soledad a los padres, dado que para ellos es toda una vida la que se ha ido construyendo en torno a los hijos. Incluso en ocasiones hay padres que consciente o inconscientemente construyen toda una empresa en torno a sus hijos. Por este motivo, transitar esta etapa de tanto cambio cuesta muchísimo".

La transición generacional suele transcurrir no en línea recta y lisa sino de una forma sinuosa y con sobresaltos, son muchas las emociones que entran en juego, es un proceso muy movilizador en el cual intervienen tanto los que trabajan en la empresa como los que no lo hacen.

Recuerdo cuando hace unos años una hermana de la segunda generación de una familia empresaria estando todavía activa la primera generación, durante el proceso de elaboración del protocolo y conversando sobre las diferentes alternativas para un recambio en la dirección de la empresa me decía: "Jamás dejaría en manos de mi hermano la administración de mi capital".

Aunque como dice Guillermo Salazar[4]: "Siempre que exista un mínimo de intención de arreglar las cosas, se puede conducir un diálogo ordenado entre personas que forman parte de una empresa familiar con sus múltiples problemas, pero también con sus grandes ventajas y fortalezas".

Algunos autores proponen establecer plazos en función de las edades para definir el traspaso generacional, como lo hace mi colega Santiago Antognolli[5]: "Porque lo que tenemos que hacer es controlar que los cargos de di-

---

4. Guillermo Salazar: "Cultura y valores en una empresa familiar", http://www.
   degerencia.com/articulo/cultura_y_valores_en_una_empresa_familiar
5. Santiago Antognolli: www.negociosdefamilia.com.ar.

rección y gestión se vayan suplantando a medida que los familiares de la generación gobernante llegan a la edad de retiro. Debemos asegurar estas continuas transferencias definiendo edades máximas para que los familiares puedan ejercer cargos de gestión y edades máximas para cargos de dirección. Un año antes de esas fechas se deberá definir quién reemplazará esos cargos, familiar o no, y hacer una transferencia ordenada".

Muchas veces me preguntan sobre cómo pueden hacer los padres para fomentar que los hijos quieran incorporarse a la empresa y ser continuadores del proyecto. Pienso que eso se consigue transmitiendo amor por la empresa desde que son muy chicos.

Si los padres al regresar a casa lo hacen protestando por lo que les pasa, quejándose por los problemas que trae la empresa, obviamente que estarán creando condiciones para el rechazo a incorporarse a un proyecto que trae sufrimiento y dificultades.

Es curiosa esta actitud porque al mismo tiempo muestran no ser del todo conscientes de que el nivel de vida al que accedieron fue gracias a la existencia de la empresa. Lo que sucede es que no la ven como propia, es algo que les resulta ajeno o no quieren pasar por lo mismo que sus padres.

Fui testigo de expresiones del tipo: "Yo no quiero para mí la misma vida que tuviste vos"; palabra más palabra menos, la escuché en muchas empresas.

Propiedad emocional

También es bueno llevar a los hijos a visitar la empresa, que la recorran. Dependiendo de la edad, se les podrá hacer conocer diferentes áreas; es una influencia importante que los hijos compartan el mundo de sus padres.

Facilita lo que algunos definen como propiedad emocional[6]: "...conviene que la propiedad emocional sea fomentada en los miembros de la familia desde que son muy jóvenes, de manera que con el tiempo la empresa llegue a formar parte de ellos".

En la misma obra, el autor agrega: "La propiedad emocional crece en la informalidad de la familia, como también lo hace el compromiso y la inclusión. Para que las empresas familiares sean exitosas a largo plazo, la pasión y el compromiso con la empresa deben ser transferidos a las sucesivas generaciones".

"La propiedad emocional es la conexión que asegura la futura existencia de la empresa familiar. La propiedad emocional es un estado de ánimo natural de las familias armoniosas, pero necesita ser alimentada desde temprano y puede ser fácilmente alterada por una mala relación familiar o falta de compromiso", señaló Nigel Nicholson, profesor de la London Business School, en el artículo de Ernesto Niethard.

Este concepto es muy interesante. Repara, más allá de los requisitos que vimos en el capítulo sobre profesionalización, en el componente netamente emotivo que marca el interés y la vocación de incorporarse a la empresa de la familia.

Los hijos tienen que sentir que son libres de entrar o no en la EF, de tomar la decisión sin sentirse obligados. Sin esta libertad, los que decidan participar posiblemente no lo harán desarrollando todas sus potencialidades. Carecerán de la motivación y el entusiasmo necesarios para llevar adelante los negocios con éxito.

La empresa debería ser un lugar especial y motivante. Los padres que desean que sus hijos se unan a la empresa

---

6. Ernesto Niethardt: "La influencia de la propiedad emocional en la empresa familiar", http://www.newsmaker4.com.ar/clientes/empresafamiliar/empresafamiliar/web/index.php?id_edicion=7260&new=123&cli=97.

familiar tienen que enseñar a "quererla", necesitan compartir el amor que sienten por su trabajo y su empresa.

Como dije antes, en casa se deben compartir y expresar no solo las preocupaciones y "angustias", sino también las alegrías, logros y satisfacciones que se obtienen al llevar adelante la EF.

Comparto las palabras de Christensen en su obra citada: "Dar reconocimiento a que por ser familia empresaria, hay una aspiración común a que los hijos se incorporen, ayuda a afrontar una conversación sincera y responder a dudas e inquietudes que tanto padres e hijos puedan tener sobre el futuro. Lo más importante es evitar que los jóvenes se sientan presionados por sus padres o familiares, o incluso por la dificultad de conseguir trabajo en otra parte.

"Muchos empresarios habrán leído que profesionales de la empresa familiar recomiendan que sus hijos se incorporen al mercado laboral haciendo las primeras experiencias en otras empresas que no sea la de su propia familia. Esto se debe a que es una manera de favorecer que sus hijos aprendan con jefes y colegas sin vínculo familiar con ellos, para que con mayor objetividad permitan potenciar sus fortalezas y reconocer sus debilidades en los trabajos. Así, los hijos de empresarios logran autorreconocimiento de sus capacidades y conocimiento sobre cómo negociar y comportarse en posiciones de colaboración dentro de una empresa, sin importar cargos o apellidos."

¿Y si los hijos no quieren continuar con la empresa?

Es también una pregunta que muchos se hacen. Es todo un tema.

Pareciera que chocaran dos pensamientos, el sueño de los padres y la libertad (vocación) de los hijos. Como dije antes, la transición es un proceso que se inicia casi junto con la empresa y la familia. Si cuando llega el momento de la elección de los hijos con respecto a realizar una carrera o hacia dónde enfocar sus energías vocacionales y laborales no muestran interés en incorporarse a la empresa fundada por sus padres y/o abuelos, lo recomendable es respetar la decisión en ese sentido.

Si para los hijos la idea es respetar la decisión, para los padres lo difícil es hacer lo que algunos llaman "el duelo por el sueño perdido". Los padres solemos tejer expectativas sobre nuestros hijos que tienen que ver más con nuestros intereses que con los intereses de ellos. ¿Duele? Sí, duele. ¿Cuál es la alternativa? ¿Obligarlos? No sería la más feliz. Además nos encontramos hoy en día con una oferta de posibilidades enormes desde el punto de vista vocacional; los estímulos que reciben los jóvenes son inmensos, y el espectro de actividades a las cuales dedicarse también.

¿Transición (única) o transiciones (con alternativas)?

Pero aún así no todo está perdido. La bibliografía sobre las EF nos muestra los clásicos círculos de Tagiuri y Davis, que algunos ampliamos incluyendo a las personas. Si lo pensamos bien, tenemos cuatro variables: la familia, el capital, el negocio y las personas.

Sobre una de esas variables, el negocio, Josep Tápies[7] afirma: "Si transcurridos, digamos 30 años, esta persona se da cuenta de que simplemente tiene una empresa exitosa que vale mucho dinero pero que nadie de la familia está interesado en seguir llevándola en la siguiente generación, estamos hablando de una empresa de dueño, que si no tiene

---

7. http://blog.iese.edu/empresafamiliar/2013/que-pasa-si-nadie-quiere-continuar/

continuidad en la propiedad y el gobierno quizá lo mejor será venderla a tiempo".

Soy consciente de que la idea de vender es muy difícil de digerir para aquellos que durante treinta años o más se esforzaron en desarrollar una empresa exitosa y pensando en los hijos.

Permítanme tomar estos dos últimos conceptos: el éxito y los hijos. Como padres ¿no seremos felices si vemos a nuestros hijos exitosos?

Supongamos que el negocio no continúe, ¿qué pasa con la familia, el capital y las personas?

En una entrevista que me realizaron para una revista[8], en su tramo final el periodista publica el siguiente diálogo:

"Periodista: Antes, en la empresa familiar, el mandato implícito o explícito para los hijos era continuar con la firma. Pero ahora, los hijos estudian otras cosas, tienen otras vocaciones. ¿Cómo se soluciona esa diferencia?

"Primero habría que aclarar que, en el mundo, el promedio de vida de las empresas en general –no solo las familiares– es de 40 años. ¿Por qué, entonces, vamos a exigirle a las empresas de familia que duren más que el promedio general?

"Quiero detenerme en el famoso dicho de que la primera generación funda la empresa, la segunda la desarrolla y la tercera la funde. Esto es tóxico, porque pone una presión sobre la nueva generación que obligadamente tiene que mantener la empresa. Hoy existe una dispersión enorme de vocaciones.

"Por caso, tengo un cliente dueño de una empresa de transporte de personas, con una hija que estudia diseño de indumentaria. Ella podría, a lo sumo, diseñar el uniforme de las azafatas, pero hasta ahí llega. Así, esa frase es tóxica,

---

8. "Antes que fundir la firma familiar, es mejor venderla." *Pyme*, agosto de 2014. Consúltese también la página web: http://www.ieco.clarin.com/fundir-firma-familiar-mejor-venderla_0_1223278207.html.

porque obliga a persistir en algo que no está en la esencia o en la vocación, y lleva seguro a pérdida. El nieto la funde, no por ignorancia o impericia, sino porque no es para él. Mi sugerencia, en estos casos, es: ¡vendan la empresa! Es lo que llamo un final digno.

"*P.: Pero el fundador suele ver la empresa como si fuera un hijo.*

"Sí, pero uno no quiere que los hijos se fundan. Además, la empresa no tiene el mismo significado para las nuevas generaciones.

"*P.: Pero, para los hijos de verdad, la empresa puede llegar a ser un hermano no querido.*

"No hay que olvidar que es una empresa. Más aún, venderla puede ser una forma de darle continuidad al capital de la familia. Y promover emprendimientos nuevos de las nuevas generaciones, sin que estas estén obligadas a fabricar tuercas para lavarropas cuando quieren diseñar ropa o construir casas. Ahí, la real continuidad de la empresa familiar es usar ese capital para nuevos emprendimientos, de los que los jóvenes sí se puedan sentir dueños."

Es decir, recomiendo que comencemos a pensar la continuidad del emprendimiento familiar no solamente desde la perspectiva estrecha del "negocio" propiamente dicho, sino abrir las posibilidades teniendo en cuenta la vocación y felicidad de los hijos, lo que sin duda mejora enormemente la armonía de la familia, la posibilidad de nuevos negocios que serán mucho mejor gestionados y con más entusiasmo, lo que llevaría por lógica a una mayor rentabilidad y crecimiento del patrimonio familiar.

Alguno podría pensar que el sueño del fundador se ha perdido y lo definiría como un fracaso. Ahora, ¿obligadamente tenemos que definirlo como perdido? Si el fundador logró ayudar a sus hijos a que cada uno encontrara su camino y lo puede disfrutar en vida, ¿no es un camino coronado por el éxito?

La transición según el modelo familiar

Familia chica con empresa chica

Cuando las familias son chicas –padre, madre, uno o dos hijos– y las relaciones son armoniosas pareciera que se facilitaría la transición generacional[9]. Pero no es así, el tema es que al no haber una estructura desarrollada todo se hace según la impronta del fundador. De ese modo es más difícil que delegue responsabilidades en la siguiente generación, responsabilidades que además generalmente no son muy claras ni están bien definidas. A la generación que sigue le queda la responsabilidad de profesionalizar la gestión, aunque lo más habitual es que se continúe con la misma cultura.

Recuerdo el caso de una empresa en que el padre era muy mayor, tenía dos hijos que trabajaban con él y estaban muy preocupados porque el padre anotaba todo en papelitos y no existían registros de muchas de las operaciones de la empresa. Los hijos decían que si el padre se moría sin que ellos supieran lo que anotaba les resultaría muy difícil continuar.

Cuanto más desorganizada está la empresa más complicada es la transición.

Familia grande con empresa chica

Se trata de una familia que gestiona un negocio, que puede ser un hotel pequeño, un estudio profesional, un pequeño local gastronómico. La empresa está al servicio de la familia. Es un lugar de trabajo para todos.

La familia interviene en la gestión pero no hay un unicato, la institucionalidad se ve facilitada. A pesar de la apa-

---

9. Inspirado en Alberto Gimeno, Gemma Baulenas y Joan Coma-Cross: *Modelos de empresa familiar*. Deusto, Barcelona, 2009.

rente desorganización, que podríamos definir como una "desorganización ordenada", la horizontalidad de la gestión facilita la transición porque es una evolución natural de la familia y de la empresa. Los que siguen continúan con la misma modalidad.

Familia chica con empresa grande

Al no poder los miembros de la familia ocuparse de todos los temas de la gestión, se acude a la asistencia de gente preparada y apta.

La familia se ve limitada, por lo que se generan condiciones para la designación de una línea gerencial con funciones autónomas, y los criterios que se utilizan son profesionales.

La transición se ve facilitada porque son empresas que ya se encuentran profesionalizadas, con lo que el proceso se desarrolla en esa misma línea, conservando la profesionalidad.

Familia grande con empresa grande

En este tipo de empresas la familia es más propietaria que gestora. El gestor principal (gerente general o director general) no tiene por qué ser de la familia. La familia no gestiona pero tiene responsabilidad sobre la gestión.

La estructura de la empresa no depende de la estructura de la familia. Las prácticas de gestión suelen ser buenas y adecuadas. Al no depender la gestión de la familia, la transición tiene que ver más con temas patrimoniales. De algún modo la transición se presenta como parte de la planificación estratégica. Al Consejo de Familia le cabe la responsabilidad de guiar, promover y facilitar la transición.

Consideración de los asuntos patrimoniales en las transiciones

Un aspecto que suele confundirse y/o mezclarse con la transición generacional es la cuestión patrimonial, la herencia, que no es el objeto de este capítulo. Lo que sí quiero es dejar constancia de que la herencia patrimonial es un tema sumamente importante, tanto para los miembros de la familia que trabajan en la empresa como para los que no lo hacen.

En pocas familias se quiere hablar de estas cosas y termina siendo, justamente por no hablarlo, un tema conflictivo. Conflictos que la mayoría de las veces implican una pérdida de parte del patrimonio por causa de las peleas.

Algunas de las cuestiones vinculadas a la herencia pueden quedar documentadas en el protocolo de la familia empresaria, aunque lo recomendable es hacer un proceso de planificación sucesoria, para lo cual hay especialistas, profesionales con formación específica que ayudan a las familias a anticiparse a los acontecimientos con una serie de acciones que disminuyan al máximo las consecuencias de la improvisación.

Esta planificación sucesoria es muy importante, más allá de la empresa y el negocio, como bien lo define la doctora Mirta Núñez, abogada especialista en planificación sucesoria[10]: "La planificación sucesoria como una herramienta de previsión familiar (incluye aspectos tanto patrimoniales como extrapatrimoniales) nos permite:

- "Conservar y aumentar el patrimonio.
- "Evitar conflictos entre herederos.
- "Designar un albacea que se ocupe de que su voluntad vaya a ser cumplida.

---

10. Mirta Núñez: "Para qué sirve la planificación sucesoria", http://www.mirta-nunez.com.ar.

- ”Designar anticipadamente el abogado de su confianza que vaya a tramitar su sucesión y hasta pactar anticipadamente los honorarios que va a cobrarle a los herederos por su función.
- ”Constituir un fideicomiso para que se administre su patrimonio.
- ”Determinar si le conviene testar o no, de qué modo y cómo partir los bienes entre los herederos para evitar conflictos.
- ”A nivel extrapatrimonial otorgar un poder a algún familiar para tomar decisiones médicas por usted si no estuviera en condiciones de hacerlo personalmente o redactar su testamento vital (*living will*) detallando cuáles son los tratamientos que no autoriza que le hagan en caso de enfermedad terminal, a fin de tener una muerte digna.
- ”Designar tutor para hijos menores o curador para hijos insanos.
- ”Realizar un manifiesto de instrucciones sucesorias: consignar si desea donar sus órganos (actualmente se presume donante todo el que no avise que no desea serlo), si desea ser cremado o ser enterrado en algún lugar en especial.
- ”Reconocer hijos que por diversas razones no se reconocieron en vida (por ejemplo, por ser sacerdote o por ser casado).”

Si bien, como dije anteriormente, a la gente no le resulta sencillo involucrarse, ni siquiera hablar de "estas cosas", Núñez dice: "… las personas que lo han hecho, después de atravesar el difícil momento de pensar en su propia muerte y tomar medidas pensadas a largo plazo, han manifestado un gran alivio".

Cuando los hijos quieren continuar con la empresa

Para el caso en que sí existe el acuerdo para la continuidad del negocio por parte de todos o de algunos de los hijos siguen siendo válidos los temas a tener en cuenta para una transición generacional ordenada, publicados en mi obra antes citada[11].

Cuanto más temprano se comience, mejores resultados.

- Claramente es un asunto asociado a la vida de la familia y de la empresa.
- Es importante tener en cuenta el interés de los hijos. ¿Los hijos están interesados en continuar con el negocio? ¿Quieren hacerlo? ¿A alguno le interesa más que a otro?
- Por el solo hecho de ser hijos del dueño/fundador, no quiere decir que los hijos cuenten con la preparación necesaria para asumir la dirección de una empresa. Comenzar el proceso con tiempo les permite prepararse para cuando llegue ese momento. Algunos recomiendan que los hijos comiencen a trabajar en empresas ajenas sin tener los beneficios de la empresa familiar. Eso los foguea en las lides del trabajo.
- Es recomendable que la designación de quien asumirá la dirección sea por consenso de la familia, de los que trabajan en la empresa y de los que no lo hacen.
- Una vez que fue designado quien asumirá la dirección, es conveniente que los primeros tiempos sea una tarea compartida entre hijo y padre, desarrollando un proceso de asunción de responsabilidades creciente por parte del nuevo, y de delegación

---

11. *Empresas de familia*, Ediciones Granica, *op. cit.*

por parte del que deja la posta. Lo más beneficioso es lograr un buen acople entre ambos y entre los hermanos, si los hubiera, tanto en lo que hace al trabajo como a la convivencia familiar.

- Es aconsejable también abrir la discusión sobre la incorporación de un gerenciador ajeno a la familia, por lo menos que se converse y se fundamente por qué sí y por qué no. Se aclaran muchas cosas en esta conversación. Si se decide por un miembro de la familia, su posición queda muy fortalecida.
- Se puede apostar al futuro, designar a un miembro de la familia para asumir dentro de un determinado tiempo y planificar su preparación para ese momento.
- Obviamente, y aunque sea una perogrullada, cualquiera sea la definición a la que se llegue esta debe tomar en cuenta las necesidades tanto de la empresa como de la familia.
- Ninguna de estas recomendaciones garantiza el éxito de la transición.

Caso 3. Mi nombre es Bruno

Mi nombre es Bruno. Mi padre, Heinz, nació en Suiza, era ingeniero y trabajaba en una empresa de construcciones viales. En el '50 vino a la Argentina de luna de miel con mi mamá, Brigit. Los dos se enamoraron del país y decidieron instalarse aquí. Primero fue en Córdoba, los sedujo el paisaje de las sierras. Mi padre tuvo que volver por breve tiempo a Suiza para resolver temas con la empresa para la que trabajaba. Mi madre quedó en el país porque ya estaba embarazada de mi hermana. Al regreso, rápidamente mi padre consiguió trabajo en otra empresa nacional de obras viales. Era un momento de intenso trabajo de construcción de rutas, puentes, etc. A los 12 meses de nacer mi hermana, mi mamá queda embarazada de mí, y la empresa traslada a mi papá a su sede central en Buenos Aires para ocupar un puesto importante en el departamento de planificación.

Mis padres no tuvieron más hijos, fuimos nosotros dos. Crecí entre planos, planillas y números. Cuando estábamos en la primaria los juegos con mi hermana eran dibujar sobre los mapas de distintos países del mundo rutas nuevas para conectar ciudades entre sí. Habíamos armado una tabla de puntajes con reglas que nosotros mismos habíamos inventado y que se convirtió en el juego preferido de nuestros compañeros de colegio.

Conocí a mi esposa Inés cuando ambos teníamos 15 años, era una de las que jugaban con nosotros; su padre, también ingeniero, trabajaba para la empresa estatal del subte. Entendía bien de qué se trataba el juego. Fue y es mi compañera de toda la vida. Terminé la carrera de economía pero sin mucho entusiasmo para ejercerla. Todavía de novios con Inés, iniciamos una pequeña consultora de diseño y supervisión de pequeñas obras de construcción para empresas de unos conocidos. Un tema para el cual teníamos herramientas y fundamentalmente vocación.

Ya casados, instalamos un pequeño estudio en el garaje de casa, desde donde le dimos un fuerte impulso a nuestro emprendimiento. Mi padre ya había fallecido, mamá vivía en casa y mi hermana comenzó a trabajar con nosotros. Empezamos con una mesa, un teléfono y un montón de papeles. Éramos muy jóvenes y teníamos mucho entusiasmo por hacer algo por nuestra propia cuenta sin tener que depender de nadie. Trabajábamos de la mañana a la noche. El entusiasmo nos hacía superar todos los cansancios.

Y así fuimos creciendo. Que mi mamá viviera con nosotros nos ayudó a medida que fueron naciendo nuestros hijos. Hoy ya son grandes y tres de ellos trabajan con nosotros. El mayor es el varón, después tuvimos dos nenas. Bueno, yo digo las nenas pero ya son grandes, casadas, y nos dieron nuestros nietos. Mi nuera está embarazada. El cuarto, el menor, hace una vida independiente, fiel a sus orígenes vive en Suiza, aunque viaja mucho por el mundo. Es economista, como yo, y trabaja en una financiera con sede en Ginebra que asesora a grandes empresas multinacionales.

Nos fue muy bien, crecimos mucho, tuvimos y tenemos mucho trabajo porque siempre nos esforzamos y vencimos los obstáculos que se nos interponían en nuestro camino, contra viento y marea. Nos hemos ganado la credibilidad y la confianza de nuestros clientes, y la fidelidad de nuestros empleados y de todos los que se relacionan con nosotros. Nuestros clientes pasaron de pequeñas construcciones a importantes obras de infraestructura.

Fuimos también teniendo problemas. Nuestro hijo mayor terminó la carrera de administración de empresas. Cree que tiene todo muy claro y que sabe muy bien qué hacer, tiene una gran contracción al trabajo pero todo el tiempo hay que estarle encima, nunca termina a tiempo los proyectos que tiene a su cargo. Con mi mujer discutimos mucho porque dice que es igual a mí y que por eso tenemos roces permanentes. Yo creo que ella lo protege, aunque también tiene sus buenas agarradas con él. Pero cuando el que discute soy yo, de una manera u otra termina por inclinar la balanza para su lado.

Con una de las chicas tenemos más problemas. Susana, la mayor de las dos, hace tiempo que trabaja con nosotros; es muy eficiente pero tiene su nena que va al jardín y todas esas cosas de las madres, que quiere trabajar menos horas, estar en su casa cuando la nena vuelve del colegio. Ahora hace muy poquito que está embarazada. Es muy discutidora, y todo el tiempo amenaza con que se va a ir, que nos va a dejar.

La más chica hace poco que está en la empresa, es egresada de la carrera de Relaciones del Trabajo de la UBA, y antes trabajó en otra empresa. También es mamá, pero es diferente. Llegó y revolucionó todo. Con los empleados somos como una gran familia, es verdad que tenemos mucha rotación pero así son los jóvenes hoy en día. Pero Raquel, así se llama la menor, nos empezó a decir que estábamos haciendo todo mal, que no cuidábamos el horario de entrada de la gente, que faltaban por cualquier cosa, que no terminaban a tiempo sus tareas, uf… y un montón de otras observaciones.

La verdad es que tiene razón. Inés y yo, como el primer día, siempre con muchísimo esfuerzo y sacrificio hacemos todo lo que no hacen los demás, incluso nuestros hijos.

Para colmo, el varón y la más chica pelean con la hermana del medio porque dicen que es la única que cuando son las seis se va, que no le importa si deja trabajo pendiente para el día siguiente, mientras ellos se quedan al pie del cañón hasta terminar el trabajo.

Hicimos muchas terapias, cada uno de nosotros, con nuestros hijos, por el menor que tantos problemas nos trajo, y terapia familiar. Por suerte Javier, así se llama el más chico, pudo independizarse y hacer su vida. En realidad es el más independiente de todos.

Y ahí estamos, por momentos bien, por momentos mal, pero la verdad… seguimos con mucha esperanza buscando estar mejor cada día, y lo vamos logrando luego del proceso que iniciamos y que aquí les cuento.

El negocio anda muy bien, cada vez tenemos más trabajo y nosotros nos sentimos cada vez peor y discutimos cada vez más. Susana todo el tiempo amenaza con que se va a ir, Inés me recrimina porque dice que trato mal a Darío, aunque todos trabajan muy bien. Todos nuestros clientes nos lo dicen.

Y así fuimos llegando hasta ahora.

Yo ya tengo 60 años, algunos *by pass* encima; mi mujer con una enfermedad neurológica rara que apenas la deja caminar, y hace un tiempo un conocido mío de mi misma edad murió de un infarto.

Me asusté. Me asusté mucho. Me dije: "Esto no puede seguir así porque va a terminar matándonos a todos. Un negocio floreciente, sí, pero nosotros vamos quedando en el camino sin poder disfrutar sus beneficios".

Sé que mi mujer también está preocupada por mi salud, siempre se apoyó en mí y ahora tiene miedo. Como dije, ella también tiene sus propios problemas de salud; estamos más grandes y ve que nuestros hijos tienen visiones diferentes de las nuestras y entre ellos, y eso la asusta por el futuro.

Le pedí a Raquel que buscara a alguien que nos pudiera ayudar. Se lo pedí porque se da maña con Internet, porque hoy todo pasa por Internet.

Encontró un consultor de empresas familiares y lo llamamos; por sus antecedentes nos pareció que podía ser la persona que podría ayudarnos. Vino a nuestras oficinas, y durante la reunión le conté más o menos lo que les describí. Darío y Susana se incorporaron al rato y también pudieron contar lo suyo, desde su punto de vista y "con sus propias palabras", como decía el consultor. Mi mujer y Raquel no estaban en ese momento. Nos escuchó con mucha paciencia, hizo varias preguntas, siempre muy amable y en un tono tranquilo. Creo que la actitud en esa primera reunión nos ayudó, al menos yo pude explicar lo que sentía. En ese momento, y a pesar de que era la primera reunión, él se dio cuenta de que había mucho desorden en la familia y en la empresa. Fue una reunión bastante larga, nos dijo que era su manera de trabajar, que necesitaba esa primera vez para entender qué estaba pasando. Nosotros, Inés y yo, estamos grandes y cansados, y queremos ir delegando más nuestras tareas. Quedó en pensar una propuesta para que trabajáramos juntos.

Nos pareció que nos había entendido, esa es la sensación que nos quedó después de que se fue. No nos quedamos charlando ni bien se fue porque, como siempre, nos metimos en el trabajo. Pero el domingo en casa volvimos a charlar sobre esa reunión.

A los pocos días recibimos un mail del consultor en el que nos proponía hacer una evaluación con el objetivo de conocer los puntos de vista de todos y cada uno de los miembros de la familia sobre lo que estaba pasando y sobre el futuro.

Lo charlamos primero con Inés y después con los chicos, y decidimos avanzar con el proyecto.

El consultor se reunió primero con nosotros dos, Inés y yo, y después con cada uno de nuestros hijos. Volvió a reunirse con nosotros dos y finalizó esta etapa con una reunión con todos. Debe haber sido la primera vez en meses que pudimos reunirnos todos, hablar y no gritarnos. Y eso que nos dijimos cosas fuertes, sobre todo mis hijas conmigo y de mi parte con Darío. Pero pudimos conversar. Fue todo un logro.

También mantuvo con Javier una conversación vía Skype; estaba en Roma en ese momento. El consultor dijo que le resultó muy interesante por la visión que le transmitió del funcionamiento de la familia y cómo él (Javier) se dio cuenta de que tuvo que alejarse para poder independizarse.

Cuando el consultor habló con nosotros lo hizo con un lenguaje sencillo y, al contrario de lo que esperábamos, no nos echó la culpa a los padres, en realidad no habló de culpas. Nos dijo algo así como que lo que hicimos hasta ahora debe de haber sido lo que estaba a nuestro alcance, que si no lo hicimos mejor quizá fuera porque no habíamos podido.

No se bien por qué, pero a pesar de no haber resuelto todavía todo lo que necesitamos, recién hemos comenzado, estábamos todos mucho más tranquilos, y las palabras del consultor fueron de tal modo como si nos hubiera serenado un poco, creo. Lo charlamos con Inés; lo que nos dio fue esperanza, que no estábamos condenados.

Después nos presentó un informe por escrito. Aquí lo comparto.

Metodología
Las entrevistas fueron semiabiertas, es decir sin un cuestionario prefijado y con preguntas focalizadas en el funcionamiento de las relaciones. El objetivo de estas reuniones fue conocer los puntos de vista de cada uno de los miembros de la familia.

La actitud de todos y de cada uno de los miembros de la familia durante las entrevistas fue de cooperación. Mi percepción es que las opiniones fueron dadas con franqueza y con entusiasmo por superar los problemas.

Antecedentes de la situación actual
Esta firma es una empresa dedicada al diseño y supervisión de obras de infraestructura. Desde sus comienzos las actividades de la empresa se hicieron "a pulmón". Mucho trabajo, Bruno e Inés hacían todas las tareas con alguna ayuda. Los comienzos fueron intensos.

Se fueron incorporando los hijos, el trabajo fue en aumento y la empresa fue creciendo. Sorprendidos de lo que lograron.

Hace unos años aparecen las primeras dificultades. Los problemas de salud de Bruno e Inés fueron (y son) un llamado de atención.

Simultáneamente a estos procesos aparece una especie de brecha entre las expectativas de los padres en relación a los hijos, algunos desacuerdos al respecto entre Bruno e Inés, y desacuerdos de los hijos y los padres tanto en temas de la empresa como de la familia.

Estado actual

Según palabras de Bruno, el mercado cambió, el escenario no es el mismo que hace unos años, "los interlocutores no son los mismos aunque nuestro apellido sigue siendo un apellido de prestigio en el rubro". Ante este nuevo escenario, las fuerzas de los padres no son las mismas y las expectativas puestas en los hijos no están satisfechas tal como las habían imaginado.

Hay una opinión compartida en cuanto a que el mayor problema de la EF está en el ámbito de las relaciones de la familia que entorpecen la gestión, la toma de decisiones y ponen un cono de sombra sobre el futuro.

El diálogo franco y sin temores es escaso, existen reclamos cruzados y a veces no del mejor modo, con calificaciones y descalificaciones exageradas, alimentadas por prejuicios y malentendidos que generan un clima de incertidumbre sobre qué hacer y cómo hacerlo de aquí hacia delante.

Diagnóstico

Quiero destacar lo que llamo ausencia de malicia, no percibo mala intención o malos deseos, y sí el predominio del cariño a pesar de los problemas, lo cual nos hace optimistas hacia el futuro.

La empresa es madura y alcanzó una posición interesante en el mercado. Está transitando un período evolutivo caracterizado por las ambivalencias.

De los padres, referidas al cansancio y los deseos de retirarse acompañados del sentimiento "de aquí no me puedo ir, no va a ser lo mismo". La necesidad de delegar tareas y responsabilidades en los hijos y la tendencia a controlar (quizá con exceso) "porque ellos saben pero son jóvenes y no tienen la experiencia que tengo yo" acompañada de la queja "me preguntan todo".

De los hijos, el desafío de probar que lo nuevo puede funcionar junto al sentimiento de seguridad que ofrece lo que el padre dice aunque lo cuestionen. Los deseos y los miedos de cambiar las cosas, crecer, vender o cerrar.

Puntos a destacar

- La familia mantiene abiertas las puertas y ventanas a los demás: es como si estuviesen expuestos en una vidriera y a veces con acceso libre. Algunos empleados dicen cosas o hacen comentarios que no debieran darse, aunque suenen naturales tal como se dan las cosas. Esto puede generar ciertas confusiones en relación con la confianza que puede incidir negativamente al momento de la toma de decisiones.
- Ciertas conversaciones, diálogos y comentarios que se hacen en público debieran hacerse en privado.
- No se sabe con claridad al día de hoy si se comparten o no los objetivos de la empresa, si se comparte o no la misma visión de futuro, básicamente porque no se conversa sobre esos puntos. En parte debido a que la energía es absorbida por el día a día y en parte por los temores a lastimarse.

Recomendaciones

Las posibilidades sobre qué hacer con la empresa familiar son varias, algunas aconsejables, otras no; algunas más viables que otras: seguir como hasta ahora, vender, cerrar, crecer y expandirse, agregar nuevos socios, abrir diferentes unidades de negocios. Cualquiera sea la decisión que se tome va a necesitar un consenso y una visión compartida de las cosas. Por lo tanto, trabajar con ese objetivo es altamente recomendable. De no ser así, el riesgo es que se generen situaciones de pérdida, tanto para la empresa como para la familia, de las cuales seguramente los más beneficiados van a ser terceros.

Las tareas recomendadas a realizar pasan por:

- Poner la mirada en el futuro más que en el pasado. Apostar al desafío de saltar el cerco de las estadísticas sobre las EF.
- Reconstruir las relaciones (lo que se desarrolla en el tiempo y a la luz de las otras tareas).
- Promover la convergencia en objetivos y proyectos compartidos. Hacer un cuadro de situación, fundamentalmente que se conozcan las opiniones de todos los miembros de la familia sobre cuál es la visión actual y futura de la empresa (FODA).
- Apuntar a la integración y trabajo en equipo del grupo de hermanos. Promover la cooperación por sobre la competencia entre hermanos, padre-hijo, madre-hijas.
- Promover mayor privacidad de la familia.

- *Revisar y apuntar a una mayor profesionalización de los miembros de la familia (hijos).*

Implementación

Reuniones individuales, con parejas, tríadas y grupales con la participación de todos los miembros de la familia que trabajan en la empresa. Contacto vía mail/Skype con Javier para conocer su opinión.

Las dos primeras reuniones serían grupales para trabajar sobre el cuadro de situación, escuchar las distintas opiniones, buscar los acuerdos y trabajar sobre los desacuerdos.

Objetivos

- *Reconstruir los vínculos.*
- *Transformar la energía competitiva en energía cooperativa.*
- *Trabajar en equipo.*
- *Establecer la viabilidad de la empresa.*

Este fue el informe. Como les dije antes, el lenguaje sencillo y claro hizo que sintiéramos que el consultor había entendido qué nos pasaba y qué debíamos hacer. Nos sentimos reflejados en lo que describía el informe. Nos cayó bien que quisiera tener un contacto con Javier, ya que si bien está lejos, nunca estuvo involucrado en la empresa y es independiente, como dijo el consultor, es también "familia".

Aceptamos y comenzamos a trabajar.

Fueron varios meses de trabajo conjunto. El consultor se fue reuniendo con unos y otros.

Hubo algunas reuniones con discusiones muy fuertes, es que había reclamos de mis hijos que me sacaban de quicio; la verdad es que todo lo hicimos nosotros... ¡y encima se quejan!

Pero bueno..., en algunas reuniones a solas que tuvimos mi mujer y yo con el consultor conversábamos sobre esas cosas, entonces nos dimos cuenta cómo, por un lado, sobreprotegíamos a nuestros hijos, mientras que al mismo tiempo nos costaba delegar. Siempre fuimos muy trabajadores, desde muy jóvenes, nuestra vida fue y es la empresa, hubo épocas que ni nos tomábamos vacaciones.

También el consultor se reunía con mis hijos. No sé bien qué pasaba en esas reuniones porque nunca quise preguntar, a veces alguno me contaba algo, pero yo veía que con el tiempo el trato entre ellos era mejor. Aunque en un tono cada vez menor, Susana nunca dejó de quejarse.

Eso sí, los clientes reconocían el buen trabajo que hacían ellos. Recuerdo las palabras del consultor: "Los otros reconocen lo que a vos te cuesta tanto".

El consultor nos ayudó mucho a discutir menos delante de los empleados, incluso hubo algunos recambios, no por indicación de nadie, sino porque, de a poquito, y en eso sí reconozco que progresamos mucho, dejamos de ser tan condescendientes. Cualquiera venía a la hora que quería, faltaban porque tenían examen y avisaban recién el mismo día, o se tomaban vacaciones cuando les parecía. Todo eso lo fuimos ordenando, en eso sí pudimos ir delegando, sobre todo en nuestra hija menor, y nosotros nos fuimos corriendo de esas cosas.

Y la empresa empezó a funcionar más como una empresa. Una vez, en una reunión de todos con el consultor, una de mis hijas comentó que un empleado se había ido porque "había elegido trabajar en una empresa". Así lo dijo, el consultor le preguntó qué quiso decir con eso y surgió toda una conversación donde vimos que la gente tenía la sensación de que esta no era una empresa.

Los clientes sí nos visualizan como una empresa, producto de nuestro esfuerzo y atención personalizada; las reuniones con ellos siempre son fuera de nuestras oficinas, en las oficinas de los clientes.

Y así fue sucediendo que a partir de cierto momento, como nos mostraba el consultor, en las reuniones comenzamos a hablar más de temas del trabajo que de cómo nos llevábamos o de qué le había dicho uno al otro, y esas peleas interminables. No voy a decir que desaparecieron por completo, pero ya eran más esporádicas.

A partir de que el tema central en nuestras conversaciones pasó a ser el trabajo, empezamos a ver el desorden interno que teníamos. El consultor nos iba preguntando qué hacía cada uno. Nos dimos cuenta de que nuestros empleados consultaban indistintamente a cualquiera de nosotros, y la mayoría de las veces recibía respuestas diferentes.

Por nuestra parte, la mejora fue evidente, parecíamos normales. Éramos una familia de dueños de una empresa y hablábamos de los problemas de la empresa en forma bastante adulta. No les voy a decir que ya estamos totalmente "aceitados", pero nada que ver con lo que nos pasaba antes.

Y lo más importante es que fuimos resolviendo temas; antes discutíamos horas y nunca resolvíamos nada, el desgaste era enorme.

Con el funcionamiento de la familia más o menos ordenado, estaban pendientes los temas de la organización de la empresa y que mis hijos no figuraban en ninguna parte; formalmente ellos no eran dueños de nada. Mi hija más chica decía que no podía sacar un crédito en el banco porque no tenía ninguna documentación que respaldara la tenencia de un patrimonio ni la prueba de que ganaba dinero; decía: "No sé si soy dueña, si soy gerenta, si soy empleada o no soy nada acá adentro".

Entonces, al consultor le pareció que era el momento oportuno para ordenar (meternos en) esos temas pendientes. Nos avisó que iba a incorporar a las reuniones a una profesional de su equipo especializada en temas de gestión estratégica porque nos decía que había que revisar el funcionamiento general de la empresa y la formalización societaria de nuestros hijos.

Ahí se nos presentaba un problema, porque somos una SRL, mi mujer y yo somos los socios, y todas las propiedades están a nombre de la empresa: nuestra casa, nuestros autos, todo. Queríamos que nuestros hijos accedieran a ser socios pero no queríamos ceder en el tema de las propiedades. No sabíamos cómo compatibilizar lo que queríamos con la estructura actual que teníamos. Además estaba Javier, que no trabaja en la empresa.

Con el equipo del consultor trabajamos sobre dos temas: por un lado la organización del funcionamiento de la empresa y por otro los aspectos patrimoniales y de la sociedad.

Comenzamos por la organización del personal de la oficina. El equipo consultor entrevistó a cada uno de nuestros empleados, les preguntó sobre sus puestos, funciones, tareas, quién era su referente en la empresa. La labor que hacían estaba orientada a definir los puestos y funciones, la descripción de sus tareas, determinación de las dependencias jerárquicas, definición de las interrelaciones de cada uno dentro de la empresa para realizar sus tareas, descripción de los procesos incluidos en las tareas. También investigaron y analizaron las aptitudes y actitudes de cada persona en relación con las funciones que tenía asignadas.

Después nos hicieron una devolución muy interesante con una nueva y mejor distribución de funciones y tareas, asignación de responsabilidades, relaciones jerárquicas y un esquema que nos enseñaron a llamar organigrama de la empresa. Las recomendaciones incluían la propuesta de que Inés y yo estuviésemos más alejados del día a día en la relación con los empleados, y que esas funciones estuviesen más a cargo de los chicos.

Nos dieron importantes recomendaciones de mejoras y cómo implementarlas tanto para la comunicación dentro de la empresa como para la operación en general en la administración o los temas relacionados con el área de sistemas, que si bien es el corazón de nuestra empresa corría un riesgo importante porque si teníamos algún problema dependíamos de una sola persona, y también detectaron algunas necesidades de capacitación.

No nos propusieron que echáramos a nadie, nos dijeron que nadie estaba de más pero que teníamos que "reacomodar las fichas". Ahora que ya pasó un tiempito, debo reconocer que nos ha costado, y que nos cuesta, implementar los cambios. Muchos los hemos logrado con el acompañamiento, el apoyo y la ayuda del equipo de la consultora, pero nos falta más, aún no hemos terminado.

La idea era muy buena, de sentido común, decíamos con Inés. Lo que pasa es que con la vorágine del trabajo a uno estas cosas se le pasan por alto y no nos damos cuenta. Siempre tuvimos todo centralizado en nosotros, pero queremos que nuestros hijos tomen más responsabilidades.

Lo gracioso es que ellos dicen que nosotros no los dejamos crecer, e insisten en el tema que nosotros les decimos que son dueños, pero como en realidad figuran como nada, consideran que "son nada" en la empresa y nos lo echan en cara. Javier, el que se fue hace poco, me dijo: "Me fui porque no quiero el tipo de vida que tienen ustedes".

¡Qué vivo! Él puede decir eso porque nosotros nos sacrificamos como nos sacrificamos, ese es el tipo de vida que tenemos… y así él puede tener el tipo de vida que tiene.

Más allá de eso, en definitiva estábamos resolviendo bastante bien el tema de nuestra organización y teníamos que enfrentar qué hacer con nuestros hijos, la sociedad e ir trasladándoles mayores responsabilidades, también con mayores beneficios, por supuesto.

Cuando junto con el equipo de consultores nos pusimos a revisar el tema, tuvimos varias conversaciones y finalmente nos hicieron una propuesta que contemplaba las expectativas de todos.

Nosotros somos una SRL en la qué Inés y yo somos los socios, mitad y mitad, y, como les conté, las propiedades (autos, oficinas donde funciona la empresa), todo, está a nombre de la sociedad. Como nos decían los consultores, tenemos muy mezclados los temas de la familia y la empresa. Pero nos pusimos en marcha para ir cambiando esas cosas.

La solución propuesta por el equipo consultor apuntaba a ordenar y separar los aspectos patrimoniales y la titularidad de los bienes de la actividad propiamente dicha de la empresa.

Nos propusieron constituir una nueva sociedad con los cinco miembros de la familia que trabajamos en la empresa como socios con un 20% de participación social cada uno. Nosotros preservaríamos nuestro patrimonio, del cual nuestros cuatro hijos serán los herederos por igual.

Con la estructura societaria propuesta, dejaríamos de mezclar los asuntos de la empresa con los de la familia, y resolveríamos el tema de que Javier no trabajara en la empresa y que por eso no perdiera patrimonio en relación con sus hermanos.

Nos recomendaron consultar con un abogado para ordenar todos los aspectos legales que surgieran a partir de la reorganización propuesta.

A todos nos pareció buena la idea, nos aclaraba mucho el panorama. Todo eso estaba incluido en un proyecto en el cual al mismo tiempo que nuestros hijos pasaban a ser socios de la empresa también ocuparían puestos de dirección en las distintas áreas, y nosotros (Inés y yo) en el nuevo organigrama quedaríamos como consultores.

No se vayan a creer que todo es tan sencillo. A pesar de los reclamos, nuestros hijos tenían dudas sobre el compromiso, las responsabilidades legales y sus miedos habituales.

Los consultores, con mucha paciencia, les fueron explicando a cada uno los temas, las responsabilidades, los derechos y obligaciones, la relación directa que existe entre la retribución y el hecho de ocupar cargos gerenciales, y así se fueron aclarando las cosas.

No es nada fácil transmitir las responsabilidades a los hijos. Además, reconozco que me cuesta largar y delegar, como dice mi psicóloga, pero también a ellos les cuesta desprenderse de sus miedos.

En este momento nos encontramos en ese proceso, en pleno cambio, con la incorporación de nuestros hijos como socios. Reaparecen algunos problemas de relación, más que nada por celos y competencia, pero confiamos en que, con las herramientas que fuimos incorporando, los iremos resolviendo.

La empresa está sana y nuestros clientes continúan confiando en nosotros.

CAPÍTULO 4

EL PROTOCOLO
DE LA EMPRESA FAMILIAR

Un hombre de negocios exitoso se reúne con su nuevo yerno y le dice:

–Amo a mi hija, y como bienvenida a la familia, te haré socio de la empresa familiar con el 50%. Lo único que tienes que hacer es ir todos los días a la fábrica y aprender acerca de las operaciones.

–Odio las fábricas, hay demasiado ruido –lo interrumpe el yerno.

–Ya veo –dice el suegro–, entonces trabajarás en la oficina y te harás cargo de algunas de las operaciones.

–Odio el trabajo de la oficina –dice el yerno–, no aguanto todo el día sentado.

–Espera un momento –dice el suegro–. Te voy a hacer dueño de la mitad de una organización millonaria, pero a ti no te gusta trabajar en la fábrica ni en la oficina. ¿Qué haré contigo?

–Fácil –dice el joven–. Le vendo mis acciones.

El protocolo

El protocolo es una de las herramientas que cimentan la profesionalización de una EF. Por sus características, su importancia y su influencia merece ser considerado de una forma especial.

Hoy es común que un miembro de una familia empresaria llame por teléfono o escriba un mail para decir más o menos algo así: "Tengo entendido que ustedes se ocupan de hacer protocolos, ¿podemos hacer una reunión para hablar de ese tema? En nuestra empresa queremos hacerlo".

Este tipo de consulta era impensable unos años atrás en la Argentina. España y otros países latinoamericanos nos llevan algunos años de ventaja al respecto.

¿Qué es el protocolo?

Es un acuerdo voluntario entre los miembros de la familia para la convivencia y la gestión presente y futura de la EF.

Los temas que se incluyen en el protocolo dependen de varios factores, como el momento evolutivo de la empresa y de la familia, el tamaño de la empresa y de la familia y la cantidad de generaciones incorporadas a la empresa.

Su fuerza es moral. Es el reflejo de un compromiso de los familiares con el objetivo de mantener la armonía de la familia, aspecto que incide directamente en la rentabilidad del negocio a través de una buena gestión.

Son varios los aspectos que se discuten al momento de plantearse el protocolo: cuándo hacerlo, quiénes intervendrán en el proceso de su elaboración, cómo se le puede dar anclaje formal y, un tema de discusión entre los consultores, qué hacer en caso de incumplimiento.

Si bien podemos decir que no es un tema sencillo, puesto que, tal como se ha difundido, no hay una receta universal, aplicable a todas las empresas por igual y en cualquier momento, si existe la voluntad de iniciarlo, es factible definir el protocolo que necesita una empresa.

También basado en esas diferencias, en cada protocolo pueden predominar algunos temas sobre otros, dependiendo además de las necesidades de la familia en ese determinado momento.

El protocolo es una herramienta dinámica, revisable y modificable, por tratarse de un instrumento que puede acompañar y amoldarse a la evolución, tanto de la familia como de la empresa.

Comencemos por el principio

El protocolo es un acuerdo que se plasma en un documento escrito firmado por los miembros de la familia.

Este documento es el resultado de un proceso de duración variable, depende del tamaño de la familia y de los temas que incluya. Este proceso se lleva adelante a través de profundas conversaciones en el seno de la familia, habitualmente con la ayuda de un colaborador externo.

¿Cuál es el objetivo?

Compatibilizar los intereses de la empresa y los de la familia empresarial. Conseguir que la familia reciba los mayores beneficios que necesitan, para lo cual existe la empresa, y que esta no se resienta por ello, y a la vez conseguir maximizar la aportación de la familia a la empresa, tanto de los familiares que trabajan en ella como de aquellos que no lo hacen. En otras palabras, el protocolo es un documento que en el futuro permitirá un buen funcionamiento de la familia y de la empresa.

Vigencia

Lo recomendable es que este documento sea revisado periódicamente. Lo que está bien para una empresa y una familia en un momento determinado, no tiene por qué serlo 5, 10 o 15 años más tarde, por lo que ha de ser revisado con la periodicidad y profundidad que se acuerde entre las partes, o cuando haya algún cambio en aquellas variables que hagan que el protocolo no se adecue a la nueva realidad.

¿Cuándo se debe hacer?

Como afirmé anteriormente, la construcción del protocolo es un proceso que involucra a toda la familia en la búsqueda de acuerdos. Por ese motivo, sugiero iniciar el proceso cuando la familia y la empresa están bien. Si no están bien conviene, antes de emprender este proceso, resolver los problemas que se van evidenciando. Hacerlo sin urgencias da mejores resultados. Cuando las circunstancias apremian, todo se improvisa y los resultados no son buenos.

"Es necesario despejar previamente, si los hubiere, los resentimientos, rabias y demás que cada uno lleva en el corazón. Despejar no quiere decir eliminar, lo cual es muy difícil, mucho más si se trata solo de confeccionar el protocolo. Con despejar me refiero en primer lugar a poner estos sentimientos sobre la mesa, como dice el viejo axioma: 'conversando la gente se entiende', y, en segundo lugar, revisar en qué medida son un obstáculo para el objetivo de la empresa y la gestión del negocio, y buscar mínimos acuerdos de respeto."[1]

Del mismo modo, tampoco es conveniente esperar a que aparezcan los conflictos y crisis, a que las riñas familiares, si las hubiera, se extiendan. Primero tenemos que arreglar esos asuntos.

El protocolo no es una herramienta mágica que soluciona todos los problemas, en realidad no arregla ninguno, es una apuesta para el futuro. Muchas veces, durante las conversaciones puede aparecer alguna vieja rencilla a la que es conveniente prestarle atención para despejarla, o que algún punto del protocolo produzca una intensa discusión; en esas

---

1. Eduardo Press: *Empresas de familia*. Ediciones Granica, Buenos Aires, 2011.

circunstancias se pondrá en juego la habilidad del colaborador externo para guiar toda esa energía hacia el acuerdo.

Cuando los hijos están entre los 20 y los 30 años, y los padres alrededor de los 55 o 60 años, es un buen momento para comenzar el proceso.

¿Quién debe hacerlo?

Lo hace la familia con la ayuda de un colaborador externo. Las funciones de este último serán las de ordenar el trabajo, como guía y mediador en el camino de armonizar los intereses de la empresa y de la familia.

Casi todas las familias disponen de personas que por su profesión, cercanía afectiva o conocimiento muchas veces cumplen funciones de asesores o son consultados o actúan como mediadores entre las generaciones. En muchas ocasiones vale la pena también reunirse con ellos porque tienen una visión al mismo tiempo separada pero comprometida con la familia. Me ha pasado que algunas familias me sugieren o me piden que tenga una reunión con un contador "al cual mi papá le tiene mucha confianza" o "viene acompañando a la familia desde los comienzos de la empresa". Habitualmente mi experiencia siempre ha sido positiva.

Es fundamental que el colaborador externo tenga experiencia en cómo dirigir el proceso, ya que es muy importante la confianza que le tienen todos y cada uno de los miembros de la familia, que estos sientan que los comprende y que "está de su lado"; si no, todo se hace más difícil.

Como afirmé más arriba, cada familia es dueña de su propio protocolo. Aún así, existen elementos básicos y generales que se toman como punto de partida, como veremos más adelante.

No se trata de un documento que deba hacer un profesional (consultor, abogado, contador, etc.) en su despacho para llevarlo a la empresa y que los miembros de la familia lo firmen. La familia debe participar en su definición.

Desaconsejo absolutamente que una familia acepte la propuesta de un protocolo "envasado" sin que se haya contemplado su participación y para el que solo se les solicita que "lo revisen y lo firmen".

¿Quiénes participan?

Existen variantes según los autores, aunque hay coincidencias en la participación de los miembros de la familia consanguínea, trabajen o no en la empresa. De acuerdo con el momento evolutivo, tanto de la empresa como de la familia, en que se redacta el protocolo, algunas de las variantes se basan en si hay o no participación de los familiares políticos y a partir de qué edad pueden participar los más jóvenes.

En general recomiendo que en las conversaciones solo intervenga la familia de sangre, pero que al finalizarlo se ponga en conocimiento de los familiares políticos el contenido del documento. Además de ser una forma de darles participación, es una manera de prevenir potenciales conflictos porque evita que el día de mañana alguien pueda alegar desconocimiento de su contenido: "Yo no sabía que habías acordado tal cosa con tu familia…".

Mis recomendaciones son que los jóvenes puedan intervenir a partir de los 16 años en las conversaciones de este proceso. Sin que esto signifique que estarán obligados a formar parte de la empresa cuando comience su inserción laboral.

¿En qué tipo de empresas es conveniente hacerlo?

José Manuel Zugaza Salazar[2] dice: "…quizá exceptuando las pequeñas empresas familiares o aquellas que estando en

---

2. En Joan Amat y Juan F. Corona: *El protocolo familiar.* Deusto, Barcelona, 2007.

la generación del fundador este tiene un solo heredero, al resto parece que en mayor o menor grado, les puede ser muy interesante realizar un protocolo familiar".

Sin embargo, pienso que aun en las empresas citadas como excepciones es conveniente disponer de mínimas pautas de funcionamiento, tanto referidas a la gestión como a la familia, y prever algunos aspectos patrimoniales de cara al futuro, ya sea en cuanto a la ancianidad de los padres como respecto de los hijos menores del único heredero.

¿Cuáles son sus contenidos?

Como vimos, cada protocolo es distinto según las necesidades y características de cada familia. Aún así podemos encontrar elementos comunes a todos los protocolos, que suelen ser los temas básicos:

- Historia, misión, visión y valores.
- Participación de la familia en la empresa.
- Órganos de gobierno de la empresa.
- Convivencia de la familia, pautas para el manejo de las controversias.
- Temas económicos y patrimoniales.
- Definiciones de estrategias del negocio.
- Otros asuntos de interés para la familia.

Veamos algunos de estos temas con un poco más de detalle.

Historia, misión, visión y valores

En todos los casos sugiero comenzar el protocolo con un relato de la historia de la empresa. Habitualmente le pido al fundador que la cuente; en caso de fallecimiento o incapacidad de este, al miembro de la familia de más edad o el que hace más tiempo que esté trabajando en la empresa.

Y sugiero, además, que cuente la historia propiamente dicha en cuanto a la cronología de los hechos, que rescate el espíritu con el que se comenzó, cuáles eran sus sueños, expectativas, ilusiones, esfuerzos, dificultades y satisfacciones. Cómo fue viviendo la incorporación de la familia.

Es un excelente instrumento para transmitir a las nuevas generaciones ese espíritu fundacional de la empresa.

Como bien dice Josep Tápies[3]: "Con cada generación siguiente los lazos de sangre entre los familiares son menos fuertes que en las generaciones anteriores. Es un proceso natural donde las familias nucleares priman sobre las familias extensas. En toda familia las relaciones irán cambiando con naturalidad. Pero en una familia empresaria, si se desea mantener la empresa como el legado común, ha de haber un mayor esfuerzo por cuidar y transmitir la historia común a las generaciones siguientes".

La familia debe darse la oportunidad de definir cuál es la *misión* de su empresa, cómo quiere la familia que sea la empresa, cómo quiere que sea vista y considerada por los otros y a qué se compromete para lograrlo. Para definir la declaración de la misión de nuestra empresa lo primero que podemos hacer es responder la pregunta: "¿cuál es nuestra razón de ser?", lo cual podría equivaler a responder las preguntas: "¿cuál es nuestro negocio?", "¿qué es lo que hacemos?", o "¿a qué nos dedicamos?".

Incluir la *visión* es interesante porque involucra a las próximas generaciones, cómo se imagina la familia a sí misma y a la EF en los próximos años. Los sueños de la familia para el futuro responden a la pregunta: ¿qué queremos llegar a ser?

Los *valores* son aquellos aspectos no negociables, "lo que somos y nos caracteriza"; son conceptos vinculados a la ética

---

3. http://blog.iese.edu/empresafamiliar/2014/el-orgullo-por-hacer-historia/.

existencial de la familia. Toda familia los tiene, a veces sin ser demasiado conscientes; poder expresarlos y dejarlos por escrito es una forma de transmitirlos a las nuevas generaciones. Representan el espíritu de la familia, más allá incluso de la empresa aunque sean una garantía para la sustentabilidad de la misma.

Bien lo explica Guillermo Salazar[4] cuando dice: "…siempre que los hijos compartan el mismo sentido del sacrificio con sus predecesores, la transmisión de este y otros valores puede arraigarse hasta tal punto en el seno familiar que la tercera generación empezará a ver normales los valores ancestrales de dos generaciones que han velado por su patrimonio con celo extremo".

Convivencia de la familia.
Pautas para el manejo de las controversias

- Cómo manejar los conflictos intergeneracionales.
- Cómo manejar los conflictos entre hermanos.
- Cómo transmitir a los parientes políticos la tradición familiar y de la empresa.
- Quién pasará a la generación siguiente las costumbres familiares, y quién dirigirá las actividades familiares en el futuro.
- Cómo se tomarán las decisiones que afecten el futuro de la familia.
- Cómo incorporar las opiniones de los más jóvenes, que traen consigo lo nuevo del mercado, sin perder lo tradicional de la empresa.

Participación de la familia en la empresa

- Cómo decidir qué miembros de la familia pueden ingresar a la empresa familiar. Qué preparación es necesaria para ello, si es que se necesita alguna.

---

4. Guillermo Salazar: "Cultura y valores en la Empresa Familiar", http://www.degerencia.com/articulo/cultura_y_valores_en_una_empresa_familiar…".

- Cómo determinar grados de autoridad y posición o títulos de los miembros que ingresen.
- Qué se hace cuando un empleado miembro de la familia no se desempeña bien.
- Qué se hace cuando un miembro de la familia elige retirarse del negocio.
- ¿Se permitirá o no que cónyuges y otros parientes no consanguíneos trabajen en la empresa?
- ¿Se permitirá o no que los hijos de la siguiente generación ingresen a la empresa? ¿En qué circunstancias y con qué requisitos?

Temas económicos y patrimoniales

- Cómo evaluar y remunerar el trabajo de los miembros de la familia.
- Cómo se debe gestionar la administración.
- Cómo armar una sólida estructura económica financiera.
- Quién puede tener una participación como dueño en la empresa.
- Si la empresa va a solventar o no gastos personales de la familia (seguro médico, tarjetas, gastos del vehículo, etc.).
- Cuándo y cuántas utilidades pueden retirar los dueños.
- Planificación sucesoria patrimonial.
- Prever el nivel de vida de los mayores una vez producido el retiro.

Definiciones de estrategias del negocio

- Quién o quienes toman las decisiones comerciales.
- Cuándo y cómo se define la continuidad de la empresa.
- Qué recaudos se toman para garantizar su profesionalización.
- Si se contratan o no gerenciadores ajenos a la familia.

Órganos de gobierno de la empresa y la familia

- Constitución y definición del Consejo de Familia. Definición de sus funciones.
- Asamblea familiar. Funciones. Frecuencia de su realización.
- Comité de gestión. Quiénes forman parte. Definición de funciones.

Otros asuntos de interés para la familia y la empresa

Transición generacional

- Cómo asegurar la seguridad financiera de los padres.
- Qué actividades fuera de la compañía mantendrán el interés vital de los padres en el momento de su retiro de la empresa.
- Convivencia de dos generaciones en la dirección de la empresa.
- Cómo elegir nuevas autoridades de la empresa.
- Cuándo debe tener lugar el cambio de presidencia de la empresa. Cómo se toma esta decisión.
- Cómo evaluar el desempeño del próximo presidente y cómo considerar su reemplazo.

Sobre la responsabilidad con la familia y la comunidad

- Cómo se ayudará a los miembros de la familia con necesidades económicas o profesionales.
- Qué responsabilidades tiene un miembro de la familia con respecto a los demás. Qué hacer en casos de divorcio.
- Qué hacer si algún miembro de la familia comete un delito o actúa de manera gravemente irresponsable.
- Con quién y hasta qué punto se compartirá información acerca de la situación financiera.

- Cómo se protegerá a buenos empleados que no sean familiares.
- Cómo se apoyarán las innovaciones empresarias de miembros de la familia. Hasta qué punto se expondrá públicamente y cómo se enfrentarán las expectativas públicas que genere una familia exitosa.
- Qué responsabilidad tiene la EF frente a la comunidad.

Temas legales

- Perfil societario.
- Revisión de estatutos.
- Análisis de contratos.
- Prevención y preparación ante eventuales demandas.
- Herramientas ante fallecimientos, divorcios o invalidez definitiva.
- Normas sobre seguros y fideicomisos.

Este listado no es taxativo, su ordenamiento no obedece a jerarquías ni a juicios de valor sobre los asuntos. Cada familia y cada EF son diferentes, por lo que los temas a incluir en el protocolo se discutirán y definirán en cada caso.

¿Qué tipos de vinculación puede tener?

Como afirmé anteriormente, el principal sostén del protocolo es su fuerza moral, el compromiso asumido por la familia.

Algunos autores proponen ciertos mecanismos para que tenga algún tipo de sustento legal y no pueda ignorarse fácilmente.

Una manera de darle valor jurídico la plantean Eduardo Favier Dubois y Lucía Spagnolo[5]: "…dando lugar a un 'proto-

---

5. Eduardo Favier Dubois y Lucía Spagnolo: *Herramientas legales para la empresa familiar.* Ad-Hoc, Buenos Aires, 2013.

colo de empresa familiar' que tenga valor jurídico, vale decir, que prevea su ejecución legal mediante su incorporación parcial a diversos instrumentos jurídicos existentes o a crearse, como son las sociedades, los *holdings*, la incorporación de cláusulas estatutarias específicas, el dictado de reglamentos societarios, la constitución de fideicomisos de acciones o cuotas, la debida redacción de testamentos, las donaciones con usufructo, el armado de fundaciones y los seguros, entre otros".

Incumplimiento

El tema del incumplimiento de alguno de los aspectos enunciados en el protocolo es discutido en el ámbito de los consultores de EF.

Como hemos visto antes, al no tener un apoyo legal, es difícil obligar su cumplimiento o sancionar su incumplimiento.

Algunos autores proponen incorporar el protocolo al conjunto de instrumentos jurídicos propios de las sociedades.

Al ser el protocolo un acuerdo de voluntades y consensuado en la familia su fuerza es moral, por lo tanto el tema de los incumplimientos tendríamos que revisarlo en otros planos.

Por un lado tenemos el tema de la pertenencia a la EF. Recordemos que al protocolo se llega después de mucho tiempo de conversaciones y se supone que si la familia fue bien guiada todos estarán de acuerdo al momento de firmar. En otras palabras, cada uno de los miembros de la familia tuvo la oportunidad de decidir si participaba en esas condiciones o no.

Es cierto que las situaciones de las personas, de las familias y de las empresas cambian con el tiempo, y las necesidades pueden ser diferentes de las existentes al momento de firmar el documento. Pero también es cierto que el protocolo incluye en sus cláusulas la posibilidad de revisarlo cada determinado tiempo, por lo tanto si alguien no comparte alguna de las cláusulas puede esperar a ese momento y proponer sus nuevas ideas.

Para los casos de incumplimientos, adquieren valor los órganos de gobierno, tanto el Consejo de Familia como el Consejo de Administración o el Comité Ejecutivo, los órganos que se ocupen de los temas de la familia empresaria y el que se ocupa de los temas de la EF. En familias y/o empresas chicas, por ejemplo padres con dos o tres hijos, se complica un poco porque todos los temas se discuten siempre entre estas mismas personas.

Producido un incumplimiento es necesario diferenciar algunos aspectos: si es un error, una falta grave o un delito.

Los errores se corrigen, pueden ocurrir por falta de conocimiento, impericia, falta de capacitación, lo que cabe es que las personas que designe el Consejo de Familia o el Consejo de Administración se ocupen de brindarles formación a la o las personas que cometen errores y darles la oportunidad de corregirlos.

Las faltas graves son difíciles de definir, podríamos decir que son las no causadas por ignorancia o impericia, sino con cierto tipo de premeditación; el que incumple sabe que está incumpliendo, que eso puede generar problemas y aún así continúa. Pueden consistir en: entorpecer la gestión y generar problemas serios, o tomar decisiones para su propio beneficio o provecho en perjuicio de la EF. Obviamente estamos frente a una situación en la cual un miembro de la familia expresa en actos su falta de voluntad de seguir siendo parte de un proyecto común.

En estos casos, una vez constatado que esas situaciones se hayan dado, habrá que pensar en formalizar el proceso de alejamiento de esa persona del proyecto común y buscar una forma, lo menos lesiva tanto para la familia como para la empresa, de su desvinculación. Si bien no lo dice en el contexto de incumplimientos, valen las palabras de Leonardo Glikin[6]: "En el marco de un proceso bien pautado (en la medida de lo posible, con fecha de inicio y criterios para su finalización) es factible iniciar un proceso para intentar limar las diferencias, y encontrar una nueva manera de estar juntos.

"El hecho de pautar prolijamente este proceso responde a la necesidad de que, desde su origen, nadie sienta que quien está interviniendo lo hace con la finalidad de convencerlo de lo contrario de lo que él piensa. A veces, prolongar indefinidamente un proceso de integración de miembros de una familia empresaria en crisis, puede ser una manera violenta (aunque aparentemente pacífica en sus formas) de retener a quien siente que se debe ir".

Para el caso de los delitos está la ley. Aunque siempre es doloroso y se duda mucho antes de denunciar a un familiar. También vale aclarar los graves inconvenientes que conlleva judicializar situaciones de la EF. Como bien lo describen Eduardo Favier Dubois y Lucía Spagnolo[7] en estos párrafos:

"En tales condiciones, habrá 'judicialización' del conflicto y esto es el primero y principal riesgo de las empresas familiares por su alto componente destructivo de valor.

"… cuando los conflictos se judicializan existe la necesidad de ciertos actos formales previos o contemporáneos que, en sí mismos, los agravan en forma de espiral y hacen más difícil frenarlos.

"Finalmente, los conflictos en sede judicial serán resueltos, hasta que no cambie la mentalidad de los jueces y puedan hacer una interpretación integradora y superadora, bajo las frías normas legales que tienden a atender más la posición individual del socio disidente como inversor y como herede-

---

6. Leonardo Glikin: "¿Atrapado sin salida?". Glikin, Leonardo: "¿Atrapado sin salida?", http://www.temas-caps.com.ar/art_empresayfamilia-27.php.

7. Eduardo Favier Dubois y Lucía Spagnolo: *Las doce trampas legales de las empresas familiares*. Ad Hoc, Buenos Aires, 2014.

ro, y no su calidad de integrante de una empresa familiar a la que se incorporó por una 'causa' familiar."

Los mecanismos para prevenir estas situaciones son, en primer lugar, la instauración de procesos internos para gestionar la solución de las disputas y conflictos, los que pueden incluir negociaciones directas, intervención del Consejo de Familia, y la designación de directores independientes, si se trata de temas propios de la gestión empresarial.

En segundo término, será necesaria la implementación en los contratos, testamentos y estatutos de cláusulas de mediación obligatoria, que podrá ser de personas respetadas por la familia o de profesionales, y de arbitraje privado, preferentemente en manos de tribunales institucionales.

Estos mecanismos podrán contar con el apoyo de profesionales especializados y un ámbito de confidencialidad personal, patrimonial y fiscal para tratar los temas y solucionarlos. A la reducción de costos y tiempos se suma la posibilidad de que sean resueltos conforme a la "equidad".

Quisiera aclarar que las faltas graves o los delitos no se "inventan" de un día para el otro, son el resultado de un proceso que debe de haber mostrado sus síntomas, y que por alguna razón sus señales fueron pasadas por alto. Frente a estas situaciones vuelve a ser importante el funcionamiento de los órganos de gobierno de la familia y de la empresa encargados de velar por el cumplimiento de los acuerdos, y estar atentos para la prevención de estos fenómenos.

Cualquier instancia, por dura que sea, va a ser mejor que un litigio formal en los tribunales que lleve a la empresa a un alto grado de exposición pública, lo que la dejaría más vulnerable a las amenazas externas.

Este tipo de situaciones que suelen darse en el seno de la empresa también afecta al funcionamiento de la familia, aunque sería recomendable que no fuese así, pues sería la peor manera de "mezclar" los asuntos de la empresa con los de la familia.

En una oportunidad, cuando me encontraba coordinando una mesa de discusión sobre este tema con consultores de familia en su proceso de formación, algunos sugerían que se establecieran sanciones a miembros de la familia por faltas cometidas en la empresa; por ejemplo, no ser invitado a reuniones sociales quien hubiera incumplido con algo. Opiné desalentando ese tipo de decisiones porque atentan tanto contra la familia como contra la empresa. Es tradicional en la bibliografía sobre EF sugerir no "mezclar" los asuntos de la empresa con los asuntos de la familia, y estas situaciones quizá sean el mejor ejemplo para no hacerlo.

Recomendaciones finales

Para la familia

Las familias que deciden emprender la elaboración del protocolo tienen que saber que se trata de un proceso largo y que necesita del compromiso de todos.

Que es un camino sinuoso y no en línea recta, con subidas y bajadas. Puede ser que no todos tengan el mismo entusiasmo y disposición desde el comienzo, pero no hay que asustarse ni preocuparse por eso. Hay que darle tiempo al tiempo.

Habrá alguno o algunos que tuvieron primero la idea, alguno que hizo contacto o conocerá antes al colaborador externo o se lo habrán recomendado, estos serán los más entusiastas. Si todo marcha bien, los otros los seguirán.

Si es una familia grande y/o si no todos trabajan en la empresa, quizá no resulte fácil de entrada conversar sobre temas que nunca antes se habían tratado.

Los más compenetrados en los temas de la empresa tendrán que tener más paciencia con quienes están menos informados.

Y no olvidar que el protocolo no es un remedio para todos los males de la EF, se trata solo de un instrumento para facilitar su evolución. Como todo instrumento, los resultados dependen de la responsabilidad, seriedad y honestidad de quienes lo utilizan.

Si bien algunos proponen que se inscriban en el documento párrafos o puntos sobre cómo debe desarrollarse la afectividad, esto no es posible hacerlo por decreto. Ningún articulado puede promover el amor ni extinguir el dolor.

Para el consultor o colaborador externo

Las familias no son todas iguales. Cuando una familia decide iniciar la construcción del protocolo seguramente cuenta con alguna información, la suficiente para querer hacerlo pero no tanta como para tener clara conciencia de qué implica hacerlo.

Por lo tanto, quizá una de las primeras funciones del consultor consista en informar y aclarar de qué se trata el proceso que se está iniciando.

Debemos ser cuidadosos con los tiempos; el ritmo lo imprime la familia. Hay familias que tienen muchas cosas muy conversadas y resueltas, otras no tanto. Con todas uno debería poder trabajar y ofrecer su aporte. Es un delicado equilibrio, tenemos que ayudar a que las conversaciones no sean eternas, pero tampoco subirnos a un Fórmula 1.

Es posible que en el camino tengamos que ayudar a despejar resentimientos, rencores y otras cosas que cada uno lleva en el corazón. Despejar no quiere decir eliminar, ni tampoco descargar a modo de catarsis. Me refiero a ponerlos sobre la mesa del modo como vimos en el capítulo sobre las emociones. También nos toca estar atentos y revisar en qué medida representan un obstáculo para el objetivo y buscar mínimos acuerdos de respeto.

A veces toda la familia nos conoce de inicio, otros nos van conociendo a medida que avanzamos, por lo tanto no siempre gozamos desde el principio de la misma confianza por parte de todos. Esa confianza será correspondida sobre la base de nuestras actitudes de comprensión y demostrando que estamos preparados para esta tarea.

Tenemos que tener presente que cuando una familia hace el protocolo se abre…, nos abre las puertas de sí misma y del negocio. Todos deben tener la absoluta certeza de que cuentan con nuestra confidencialidad. Cuando presento una propuesta escrita, suelo incluir un párrafo dedicado al compromiso de confidencialidad.

Debemos mantener una actitud de paciencia frente a las dudas e incertidumbres de los miembros de la familia, dar respuestas a todas sus inquietudes. Brindarles nuestro apoyo y saber guiarlos hacia el consenso en los momentos de controversia. El modo en que ayudemos a resolver estas situaciones cumplirá también una función educadora porque se constituirá en un modelo.

Y nunca hay que olvidar que nuestra función es ayudar a promover la unidad y armonía, a profesionalizarlos como propietarios de una empresa y a conservar en la familia los valores que hacen fuerte el negocio familiar.

Caso 4. Mi nombre es Mariano

Me llamo Mariano. Soy de una localidad de la zona oeste del Gran Buenos Aires, pertenezco a la tercera generación de una empresa de logística que fundó mi abuelo y ahora están al frente mi papá, una tía y un tío, ambos hermanos de mi padre. Los primos estamos en la gestión diaria de todos los temas, operativos, financieros, económicos (y en el diseño de las políticas empresariales).

Somos una empresa líder en el mercado y necesitamos mantener buenas relaciones con las autoridades de la provincia y del municipio y con el sindicato. En general hacemos una buena gestión de y con las interrelaciones, siendo un poco más complejos los temas que debemos tratar a nivel nacional. Son un poco más complicados, pero ya aprendimos a sortear los inconvenientes que se nos presentan.

Con uno de mis primos asistimos a un curso sobre empresas familiares organizado por un banco que hace estas actividades de apoyo a las pymes. Nos gustó la forma en que lo encaró el instructor, un consultor en ese tipo de organizaciones.

Nos interesamos fundamentalmente en el tema del protocolo. Algo había leído sobre eso, pero captó mi atención algo que escuché en el curso: que el protocolo era una herramienta que podía ayudar a prevenir problemas en el futuro y que recomendaba que había que hacerlo cuando la empresa y la familia estuviesen bien, que cuando las cosas estaban mal en uno u otro lado los acuerdos iban a ser muy difíciles.

Somos una familia grande. Después de mi abuelo, lo siguieron sus tres hijos. Ya hace años de eso. De a poco se fueron incorporando los primos. Somos mi hermano y yo más mi papá, que todavía sigue, un tío que tuvo cuatro hijos, dos varones y dos mujeres, tres de los cuales están trabajando en la empresa. Mi tía hace unos años se retiró de la oficina pero conserva su participación societaria, aunque uno de sus hijos trabaja, los otros dos son más chicos. La empresa es una SA, las acciones están divididas en tercios, uno por cada hijo de mi abuelo; desde hace pocos años los tres fueron cediendo algo de sus acciones a sus hijos.

Nuestra generación está formada por muchos primos y primas. La participación de las mujeres en la empresa siempre fue un tema, nunca se quiso que formaran parte. Pero mi tía, en su momento, y ahora mis primas pelean su espacio; aunque todavía nunca tuvieron participación directa, algunas de mis primas estudian carreras de administración y reclaman intervenir en la gestión. Los primos varones tenemos una visión diferente de la de nuestros padres, somos más abiertos.

El asunto es que tras el curso comenté con mi hermano y mis primos, y después con mi papá y mi tío, que estaría bien ponernos a trabajar en este momento para tener un protocolo porque ahora estamos bien pero… nunca se sabe.

Después de dar varias vueltas le pedimos al consultor que se acercara a nuestra empresa para tener una reunión de un par de horas con casi todos nosotros. Teníamos interés en que todos lo conocieran para saber si estábamos de acuerdo en elegirlo.

Comentamos la compleja historia de nuestra familia, quiénes somos, quiénes son accionistas y quiénes no lo son, los que trabajan en la empresa y los que no, los que viven cerca y los que no (algunos de los primos se radicaron en el interior y otros estudian en el exterior), los que tienen un título universitario y los que no.

Se ve que el consultor tiene experiencia porque entendió rápidamente cómo funcionábamos como familia; me llamó la atención que no se sorprendiera por nada de lo que le contábamos. Creíamos que éramos muy complicados, pero para él, en sus propias palabras, éramos nada más ni nada menos que una familia grande, numerosa, creo que dijo, que está manejando una empresa.

Lo que le pedimos básicamente es que nos ayudara a encarar, con una mirada al futuro, cómo íbamos a hacer tantos primos y primas para manejar la empresa, sobre todo en el momento en que nuestros padres no estuvieran.

Si bien el negocio funciona muy bien, discutimos mucho en las reuniones, y a veces de forma tan subida de tono que dedicamos mucho tiempo a discutir la forma en que discutiremos.

Unos días después nos hizo llegar una propuesta para hacer el protocolo de nuestra familia/empresa que nos pareció adecuada. Estaba de acuerdo con lo que esperábamos, combinamos un nuevo encuentro ya con todos, todos, para que nos explicara bien cómo íbamos a continuar.

En su propuesta nos transmitió que iba a tener reuniones individuales con cada uno de nosotros, incluso con los que no trabajan en la empresa,

Cuando tuvimos esa primera reunión de todos, todos, nos comentó que hacer el protocolo era un proceso que llevaba su tiempo, que el objetivo final era un acuerdo que quedaba formalizado en un documento escrito que íbamos a firmar todos los de la familia. También nos comentó que tan importante como el documento final era la serie de conversaciones que íbamos a tener; nos dijo que la mayoría de las veces la familia conversaba sobre temas que nunca antes había tratado y que en su experiencia era un proceso que fortalecía a las familias, y que ese fortalecimiento se trasladaba a la empresa.

Nos informó que íbamos a trabajar por etapas. La primera era una serie de reuniones individuales y grupales y con objetivos muy sencillos. Escribió:

"Las reuniones individuales tienen como objetivo conocer en forma personal las ideas de cada uno sobre el futuro y sus expectativas personales para generar un ámbito de confianza y seguridad.

"La reunión general tiene como objetivo conversar entre todos sobre las ideas que tienen respecto de posibilitar una comunicación más fluida, tanto entre quienes trabajan en la empresa como los que no lo hacen, generar el diálogo entre las dos generaciones y sentar las bases para avanzar hacia un acuerdo que más adelante lleve a la construcción del protocolo de la EF. Es muy importante que todos puedan escuchar y ser escuchados."

Todas las reuniones individuales se hicieron en nuestras oficinas. Comenzó con los más grandes, mi papá y mis tíos, y después fue alternando con reuniones con los primos de cada rama.

Las reuniones de todos juntos fueron en la casa de mi tía porque vive muy cerquita de la oficina y creíamos que si nos reuníamos toda la familia en la empresa iba a llamar mucho la atención de los empleados. Fueron almuerzos de trabajo en los cuales íbamos discutiendo los puntos que nos interesaba incluir en el protocolo.

Al principio diría que el consultor nos "enseñó" a conversar, no sé si está bien dicho así. Creo que nos educó o reeducó en la manera de discutir y comunicarnos durante las reuniones.

Fuimos aprendiendo, nos acostumbrarnos a escucharnos más y a esperar que el otro terminara de hablar antes de tomar la palabra.

Aquí les relato un ejemplo de cómo íbamos tratando de llevar adelante los consejos del consultor. Hubo una circunstancia notable para nuestra familia: uno de mis primos, abogado, cobraba un sueldo por llevar algunos casos (temas menores con algunos clientes o proveedores, incumplimientos de contratos y cosas así) que le costaba seguir, lo que generaba reclamos de un lado y del otro que a veces terminaban en fuertes discusiones.

El consultor se reunió a solas con él y un día, en una reunión general, mi primo nos sorprendió cuando dijo que consideraba que era injusto que él cobrara su sueldo por tareas que finalmente no cumplía, pero que también consideraba injusto que le adjudicaran tareas sin haber participado en el proceso de decisión. Entonces propuso renunciar a su sueldo y ofrecer sus servicios como profesional independiente para casos que fuesen de su interés. Fue muy valiente de su parte, todos se lo reconocimos y aceptamos su propuesta.

Esta etapa de reuniones individuales y generales más o menos habrá llevado un mes y medio. Después continuamos con una segunda etapa durante la cual el consultor mantuvo reuniones con los diferentes grupos de hermanos de las distintas ramas, que terminó con una reunión general en la cual nos presentó lo que consideraba un resumen de los puntos que a nosotros nos interesaba incluir en el protocolo, más algunos propuestos por él mismo.

Así iniciamos lo que él llamó una tercera etapa, que consistía en hacer solamente reuniones generales en las que discutíamos punto por punto las diferentes opiniones. El consultor nos ayudaba cuando teníamos diferencias, que tampoco fueron tan serias. Como él nos había anunciado, disfrutábamos mucho de esas conversaciones en familia.

Al comenzar cada reunión hacíamos un repaso de lo que habíamos conversado hasta ese momento y nos preguntaba si habíamos pensado algo sobre los temas tratados en la reunión anterior y si teníamos novedades para aportar. Así, conversando, fuimos avanzando.

Les quiero contar nuestra experiencia con una discusión muy fuerte. La mayoría de la familia propuso incluir en el protocolo que uno de los requisitos para que alguien de la familia se incorporara a trabajar a la empresa fuera contar con un título universitario. Mi tía, que tiene los hijos más chicos, protestó porque dijo que mi hermano no tenía ningún título y estaba en la gestión de la empresa, que le parecía injusto aplicar esa cláusula para el futuro ya que se aplicaría a sus hijos. Lo curioso es que sus propios hijos estaban de acuerdo en que existiera ese requisito. Medio a regañadientes pero con sinceridad mi tía terminó aceptando.

El consultor insistió mucho en que el protocolo "legislaba" para el futuro; igualmente nos aconsejó que para este y otros temas miráramos hacia adelante y no hacia atrás.

El trabajo nos llevó aproximadamente unos seis meses, nos juntábamos semana por medio, a veces dos semanas seguidas, según como se fueran dando las cosas. Su metodología de trabajo incluía la presentación de informes con un resumen de lo ocurrido en cada reunión, cuáles habían sido los puntos en los que habíamos estado de acuerdo, y nos adelantaba los puntos en los que teníamos que pensar para la reunión siguiente.

Y así llegamos al final. El consultor nos dijo que era un protocolo adecuado para este momento de la empresa y de la familia, que si lo comparábamos con el de otra empresa lógicamente que encontraríamos diferencias, ya que cada protocolo se ajusta a cada empresa y a cada familia. Es lo que nosotros le habíamos pedido y la verdad es que nos conformó a todos.

Lo firmamos durante una reunión de toda la familia.

Quiero rescatar que más allá del documento que firmamos ganamos mucho en confianza en nosotros y en la calidad de nuestras conversaciones. Inclusive, ayudados por el consultor, iniciamos el proceso de profesionalización de la empresa en algunas cuestiones de gestión, como decidir el nombramiento de un gerente general que nos aliviara de algunos temas de la gestión cotidiana.

El documento que firmamos es este:

INTRODUCCIÓN

Este documento refleja un acuerdo asumido y compartido en forma voluntaria por todos y cada uno de nosotros (miembros de la familia XXXXXX) con el que nos comprometemos moral y emocionalmente con la convicción de que no contradice nuestros valores ni las leyes vigentes.

Es fruto del consenso y resultado de reuniones y conversaciones en las cuales cada uno de nosotros expresó sus opiniones y puntos de vista con el objetivo de mantener la armonía de la familia, la rentabilidad patrimonial y la continuidad de las empresas del grupo familiar con buenas prácticas de gestión.

En función de la dinámica de los negocios y de la propia familia, este protocolo tendrá sus momentos de revisión en el futuro, comprometiéndonos a conservar el espíritu con el que este se consensuó.

VALORES E HISTORIA

Manfredo

Manfredo, fundador de la empresa, fue y será reflejo de nuestro compromiso con el cliente y el crecimiento constante de este gran emprendimiento.

Desde la ciudad italiana de Brescia, Manfredo arriba a la Argentina a mediados de 1920, en búsqueda de su tierra soñada, radicándose en un principio en una provincia del noroeste en la cual estaban afincados unos compadres de su mismo pueblo. Se empleó en una finca molinera donde comenzó a hacer transportes en el camión de la empresa.

Promediando los años '30 viene al Gran Buenos Aires tentado por unos parientes con la promesa de un mejor pasar económico. Con la experiencia que tenía se volvió a emplear como chofer de transporte de mercaderías para una distribuidora de alimentos. Rápidamente Manfredo se fue ganando la confianza de sus empleadores por su calidad personal y su contracción al trabajo.

Su sueño era poder independizarse. Ya había conocido a quien después iba a ser su esposa y madre de sus hijos. Finalmente, en 1940 adquiere su primer camión, y por la confianza que le tenían continuó trabajando para la misma empresa pero ya de un modo independiente.

Casi al mismo tiempo fueron llegando los hijos y más camiones, hasta que cuatro años después, como fruto de sus esfuerzos y guiado por la vocación de servicio y una clara visión empresarial, adquiere su primera empresa de camiones dedicada al transporte de mercaderías de almacén. En ese momento contó con la ayuda de un socio, un pa-

riente lejano y de un pueblo vecino al suyo. Esta sociedad luego vende la empresa y al mismo tiempo adquiere Transportes XXX, amplía la cantidad de servicios y expande las distancias, llegando a provincias como Córdoba, Santa Fe y Mendoza.

Como consecuencia de un arduo trabajo, constante servicio a las fábricas y el afán de seguir desarrollándose, la empresa Transportes XXX dio las bases para la creación de la empresa como la conocemos hoy (en diciembre de 1967) con transporte de mercadería entre las ciudades más importantes del país.

En 1972 se disuelve la sociedad, y don Manfredo e hijos quedan como propietarios de la empresa.

Con el paso del tiempo y el sólido compromiso sostenido, la empresa continuó creciendo y expandiéndose a lo largo y ancho de todo el territorio nacional. Este desarrollo le permitió posteriormente cruzar las fronteras hacia Chile y Brasil, ofreciendo a ambos países vecinos el mejor servicio de transporte de mercaderías internacional.

Nuestros valores:
- *Integridad.*
- *Protagonismo.*
- *Excelencia.*
- *Competitividad.*
- *Solidaridad.*

Entendemos que la única forma de lograr un gran servicio es atender, escuchar y entender a nuestros clientes, y para eso capacitamos, acompañamos y contribuimos con el desarrollo de cada uno de nuestros colaboradores.

PARTE I. ASPECTOS PRELIMINARES

1. *El protocolo familiar afecta a la familia empresaria, que integra a los miembros consanguíneos de la segunda y tercera generación, así como a sus respectivos cónyuges e hijos.*
2. *La revisión del protocolo familiar se hará anualmente, o cuando sea propuesto por tres o más accionistas. Para la aprobación de modificaciones del documento se buscará la unanimidad de todos los miembros del Consejo de Familia. En el caso de que haya aspectos en los que no exista unanimidad, la decisión será tomada por las tres ramas de la familia, un voto por cada una, hasta que en el futuro se implemente una nueva modalidad que involucre personalmente a cada uno de los accionistas.*

Los indicados más abajo se comprometen a cumplir este protocolo:

(Nombres, apellidos y números de documento de los accionistas.)

3. *Este protocolo será puesto en conocimiento de los miembros de la familia consanguínea no accionistas. Del mismo modo tomarán conocimiento de este protocolo los menores hijos de accionistas a partir de los 16 años de edad y de los familiares políticos que se incorporen a la familia (a partir de una edad a determinar) corroborándolo con su firma.*

En este acto lo hacen en ese carácter:

(Nombres, apellidos y números de documento de los familiares no accionistas.)

4. *Los nombrados a continuación, en nuestro carácter de cónyuges respectivos de accionistas de los grupos societarios y madre y/o padre de sus hijos, futuros beneficiarios y continuadores, afirmamos haber leído este protocolo y estar al tanto de su contenido:*

(Nombres y apellidos.)

PARTE II. NORMAS SOBRE LA FAMILIA EMPRESARIA

5. *La preservación de la empresa es uno de los objetivos del grupo familiar.*

Las funciones dentro de la familia (padres, hijos, abuelos, tíos, sobrinos, hermanos, cuñados, primos) tienen su historia y se manejarán de acuerdo con las tradiciones de la familia, y con las actualizaciones propias de la evolución de las distintas generaciones.

Las funciones dentro de la empresa responderán a las necesidades de la firma en función de las aptitudes y formación necesarias para su cumplimiento.

Las necesidades de la empresa y de la familia no serán confundidas entre sí.

6. *Todos y cada uno de los miembros de la familia nos comprometemos a zanjar nuestras diferencias con buena voluntad y en el marco del respeto a las personas y a las opiniones de cada uno. Las diferencias serán tratadas en los ámbitos correspondientes. Si bien sabemos que es difícil, la idea es tratar los asuntos de cada institución en los ámbitos y con las personas adecuadas. Los temas empresarios se discutirán en tiempo y forma. Habrá oportunidad para que todos y cada uno puedan emitir sus opiniones, se buscarán las decisiones por consenso. A partir de allí,*

el grupo familiar actuará como un equipo que se brinda apoyo recíproco.

Los temas de familia se discutirán dentro del ámbito privado.

En el caso de no poder conciliar un acuerdo, nos comprometemos a acudir a las siguientes personas de nuestra absoluta confianza que actuarán como mediadores y facilitadores. Dichas personas son EL CONTADOR y EL CONSULTOR.

7. Nuestra familia se siente orgullosa de la tradición y del legado que supone la empresa que fundó nuestro padre y abuelo, queremos seguir juntos porque la empresa fortalece los lazos afectivos entre nosotros y creemos que es beneficioso tanto para la empresa como para la familia.

Nuestro esfuerzo en asegurar su continuidad contribuye al bienestar social y económico de la familia, y queremos ser un ejemplo y modelo para las próximas generaciones y para nuestra comunidad.

8. Con el ánimo de mantener la unidad familiar, los miembros de la familia acordamos observar las siguientes normas de conducta en las relaciones familiares y con otras personas que involucren a la empresa:

   • Es fundamental que nos tratemos unos a otros como personas de forma leal, responsable y digna.

   • Debemos abstenemos de criticar públicamente a otros, pero en el caso de que sea necesario hacerlo debemos evitar el uso de descalificaciones personales.

   • Nuestra conducta debe ser recta y transparente.

   • Nos comprometemos a guardar confidencialidad sobre los asuntos de la familia y de la empresa tanto dentro como fuera de las mismas.

9. Todos y cada uno de los miembros de la familia nos comprometemos a zanjar nuestras diferencias con buena voluntad, y en el marco del respeto a las personas y opiniones de cada uno.

10. En el caso de no poder conciliar un acuerdo nos comprometemos a acudir a las siguientes personas de nuestra absoluta confianza que actuarán como mediadores y facilitadores. Dichas personas son nuestro asesor comercial y nuestro asesor en Empresas de Familia (quienes firmarán al final como muestra de aceptación).

11. El Consejo de Familia (ver más adelante) se ocupará de velar por la observación y cumplimiento de estos valores y normas de conducta.

12. Las buenas relaciones personales y familiares serán responsabilidad del Consejo de Familia, para lo cual implementará reuniones en las que se tratará de combinar actividades de ocio y diversión con una exposición general de la evolución reciente de la empresa y actividades de formación, así como otros temas que surjan con antelación.

13. En las reuniones mencionadas en el punto anterior participarán todos los miembros consanguíneos de la familia empresaria. La edad mínima para participar es de 16 años. Queremos que estas actividades proporcionen a la familia un espacio para que cada uno de sus miembros tenga la oportunidad de tratar los temas relacionados con la empresa.

14. Se acuerda que los cónyuges de la tercera y siguientes generaciones podrán representar a sus hijos menores en el Consejo de Familia en el caso del fallecimiento del padre/madre, siempre que hayan recibido acciones de la empresa familiar. Sin embargo, los cónyuges no podrán participar en la gestión de la empresa, ni en el Comité Ejecutivo (ver más adelante), ni tomar decisiones sobre las acciones fuera de las establecidas en este protocolo en el capítulo correspondiente.

15. La empresa podrá contratar servicios de profesionales que pertenezcan a la familia consanguínea o política siempre y cuando las condiciones del servicio ofrecidas y su presupuesto estén acordes con las necesidades de la empresa y sean mejores que las ofrecidas por otros profesionales. En las mismas condiciones que otros, los miembros de la familia consanguínea tendrán prioridad para la contratación de sus servicios.

PARTE III. NORMAS SOBRE LA PROPIEDAD FAMILIAR Y ASPECTOS ECONÓMICOS

16. Ningún accionista en forma personal o como representante de su rama podrá afectar en garantía de ningún tipo de operación sus acciones (o las de su rama), actuales o las que pudiera tener en otras sociedades futuras.

17. Dentro de los próximos seis meses y con la ayuda del asesor contable se establecerán pautas para la transferencia de acciones, sea a título oneroso, a título gratuito o por causa de muerte.

Aspectos económicos

18. A todo miembro de la familia que cumpla funciones en la empresa le corresponde recibir un sueldo acorde con su puesto, función y responsabilidad.

19. Los sueldos de los miembros de la familia estarán de acuerdo con las funciones y niveles de responsabilidad. Serán determinados por parámetros objetivos tomados de cuadros comparativos con otras empresas.

20. Todos los años, de acuerdo con el balance de la empresa, habrá una distribución de dividendos proporcional al porcentaje de acciones para cada grupo (del mismo modo como se está realizando en la actualidad).

21. El monto será informado por el Comité Ejecutivo (ver más adelante) a todos y cada uno de los accionistas y/o miembros de la familia. La oportunidad y montos de distribución interna dentro de cada grupo/rama será responsabilidad de cada uno de ellos.

22. La familia se compromete a solventar los gastos educativos (primaria, secundaria y universitaria, dentro de los plazos razonables) a los hijos de accionistas en caso de fallecimiento o incapacidad total y definitiva. Estos gastos serán soportados por los dividendos anuales de cada grupo/rama. En el caso fortuito que en el momento necesario no hubiera distribución de dividendos, los gastos se realizarán a cuenta de dividendos futuros de cada grupo/rama.

23. Ayudas familiares. Se establecerá un fondo para responder a contingencias no previstas al momento (temas de salud, accidentes, formación y capacitación). Para el caso de salud y accidentes, los fondos se proveerán bajo reglas de solidaridad. Para el caso de formación y capacitación será a modo de préstamo reintegrable.

24. Los miembros de la familia consanguínea, aunque no desempeñen tareas en la empresa, serán incorporados a la nómina de empleados a los efectos de establecer una relación de dependencia con cargas sociales que facilite en el futuro el trámite jubilatorio.

PARTE IV. NORMAS SOBRE EL GOBIERNO FAMILIAR Y CORPORATIVO

25. Por la complejidad de la familia y de la empresa definimos órganos institucionalizados para ambos sistemas con el objetivo de mantener la armonía y hacer eficiente la gestión.

25.1 *Gobierno de la familia*
25.1.1. *Consejo de Familia*

Está formado por todos los miembros de la familia consanguínea a partir de los 16 años, trabajen o no en la empresa, sean accionistas o no (salvo que no ser accionista sea una decisión voluntaria y exista un expreso deseo de no participar en estas actividades). Se reunirá una vez al año, el segundo jueves de julio (si es feriado pasará al jueves siguiente), a las 18 horas, en lugar a determinar. La convocatoria será responsabilidad del familiar de más edad con la colaboración de los miembros del Comité Ejecutivo. Sus funciones son:

- Mantener las relaciones familia/empresa.
- Facilitar la propiedad emocional de la empresa.
- Ayudar a las nuevas generaciones a ligarse a la empresa y a tutelar el futuro profesional de ellas.
- Promover acciones de responsabilidad social.
- Educar.
- Conciliar.
- Mantener actualizado el protocolo y el plan estratégico familiar.
- Prevenir o gestionar los conflictos que surjan entre familiares.
- Definir políticas (objetivos y estrategias).
- Reforzar la cohesión familiar a través de la organización de reuniones y acontecimientos familiares periódicos que fomenten la interacción y la armonía familiar.

25.2 *Gobierno de la empresa*
25.2.1. *Patrimonial*

Reunión de accionistas. Se debatirán temas pertenecientes a la rentabilidad anual de las acciones, compra/venta de ellas, incremento de capital, entrada/salida de socios, apertura de nuevos negocios que impliquen aportes de capital, y otros. Definir las estrategias generales del negocio.

25.2.2. *Gestión*

La responsabilidad principal de la gestión está fundamentalmente a cargo de los miembros de la familia organizados de la manera que sigue.

Comité Ejecutivo. Formado al menos por un representante de cada una de las tres ramas de la familia. Su opinión y voto es independiente de la cantidad de acciones, equivale a un voto por rama.

- *Se mantiene la conformación actual con un representante de cada rama: los primos Mariano, Camilo y Gino (h). Esta formación podrá ser modificada en el futuro.*
- *Funciones del Comité Ejecutivo: llevar adelante la gestión de las empresas del grupo, proponer nuevos negocios o la ampliación de los existentes, implementar los objetivos trazados por los accionistas.*
- *Compartir con el Comité Consultor los temas importantes.*
- *Elevar proyectos estratégicos al Consejo de Familia.*
- *Juntamente con el Comité Consultor guiará a la empresa en su profesionalización.*

Comité Consultor

- *Por trayectoria y experiencia estará formado por Nicola y Gino (p).*
- *Funciones del Comité Consultor: asesorar al Comité Ejecutivo y dirimir las diferencias entre sus miembros.*
- *En temas propios de su especialidad, entraría dentro de esta categoría el contador.*
- *Juntamente con el Comité Ejecutivo guiará a la empresa en su profesionalización.*

PARTE V. NORMAS PARA LOS FAMILIARES QUE TRABAJAN O QUIEREN TRABAJAR EN LA EMPRESA FAMILIAR

26. *Las normas sobre las condiciones de trabajo para familiares que trabajan o quieren trabajar en la empresa y que se desarrollan en este apartado afectan exclusivamente a socios familiares y a sus descendientes a partir de la firma de este documento.*
27. *Se establecen los requisitos para la incorporación de miembros de la familia a trabajar en la empresa:*
    27.1. *Mostrar motivación y vocación para trabajar en ella.*
    27.2. *Que exista una función y/o puesto necesario en la empresa. Si un miembro de la familia reúne las condiciones tendrá prioridad por sobre alguien de fuera de la familia.*
    27.3. *Ser egresado de estudios terciarios en una temática necesaria para las actividades de la empresa.*
    27.4. *Haber trabajado por lo menos un año en una empresa ajena a nuestra empresa, cualquiera sea el puesto o función.*

27.5 Debe contar con la aceptación previa de su grupo/rama de la familia, quienes lo peticionarán al resto de los socios.

PARTE VI. INCORPORACIÓN/DESVINCULACIÓN – TRABAJO/PROPIEDAD

28. Respecto a los aspectos patrimoniales, la incorporación o desvinculación de un accionista de la familia será definida dentro de cada uno de los grupos/ramas, quedando a su exclusivo cargo los costos que ese movimiento pudiera erogar.

28.1 Se tendrá en cuenta para el manejo de las acciones lo expresado en el capítulo correspondiente.

28.2. Respecto a la incorporación a un puesto de trabajo, se tomarán en cuenta las condiciones establecidas en el capítulo correspondiente.

28.3. La desvinculación podrá ser en forma voluntaria mediante renuncia expresa, no reportando para el grupo empresario costo alguno. Si fuese no voluntaria se hará en los términos y condiciones que marcan las leyes laborales en vigencia.

28.4. En ambos casos la persona desvinculada se abstendrá de realizar operaciones comerciales en rubros similares a los desarrollados por la empresa por un tiempo mínimo de tres años.

28.5. Lo mismo le cabe para la información confidencial a la cual haya tenido acceso por sus funciones.

28.6. Cualquier transgresión a alguno de estos puntos será considerada una falta grave por los miembros de la familia.

CAPÍTULO 5

ARTÍCULOS RELACIONADOS

Para este capítulo elegí algunos artículos publicados en medios gráficos que estén relacionados con los temas de los cuatro capítulos anteriores.

El primero de ellos, "Empresas de familia. El futuro", fue publicado en la revista *GerentePyme* de Colombia en julio de 2012. Enfoca brevemente algunas herramientas útiles para mantener y reforzar las fortalezas de las EF.

El segundo artículo, "Gestión de personas en pymes y empresas de familia. Desafíos", fue publicado en el suplemento iEco de *Clarín*, Buenos Aires, el 11 de julio de 2012. Se refiere a la dificultosa tarea de la gestión de personas en las EF.

El tercer artículo, "Manejar las emociones", también fue publicado en el suplemento iEco de *Clarín*, el 6 de abril de 2014. En este se hacía un adelanto del Capítulo 1 de este libro con respecto a las emociones en la EF.

El cuarto artículo, "Antes que fundir la firma familiar, es mejor venderla", contiene una entrevista que me realizó el periodista Carlos Liascovich para la revista *Pyme*, publicada en el número de agosto de 2014.

EMPRESAS DE FAMILIA. EL FUTURO

Las empresas de familia representan el mayor porcentaje de las empresas existentes, abarcan desde un pequeño emprendimiento hasta un *holding* empresario.

El futuro de ellas depende de tener en cuenta algunos procesos que si bien no garantizan la continuidad claramente la facilitan. Veamos algunos de los más importantes.

Encuentros que faciliten la comunicación

Permiten mejorar las relaciones entre los miembros de la familia y abre la posibilidad a que las situaciones conflictivas sean tratadas en los ámbitos adecuados y cuando todavía son manejables. Facilita el desarrollo de una visión compartida.

Profesionalizar

Es un concepto que va mucho más allá del más difundido que es contratar profesionales para la gestión. Se trata de que los miembros de la familia se profesionalicen, que se profesionalice la gestión, sea con miembros de la familia o no.

Preparar la transición de la dirección

Es uno de los temas más complejos y el que más se demora en tratar, a pesar de que la experiencia nos enseña que cuánto más temprano se inicie el proceso de transición mejores son las posibilidades de que sea exitosa. Quizá lo más importante sea señalar que el proceso de transición de la dirección no es un proceso mortal sino vital. Conviene hacerlo cuando todos los miembros de la familia están vivos y sanos.

Protocolo

Es un acuerdo voluntario entre los miembros de la familia (trabajen o no en la empresa) sobre cómo serán las cosas en el futuro. Abarca todos los temas de interés para la empresa familiar, desde la incorporación de nuevos integrantes de la familia hasta procedimientos para las acciones. Dos puntos importantes: el protocolo no es un "arregla *tutti*", no resuelve los conflictos vigentes; más aún, hay que arreglarlos antes de encarar el proceso de construcción del mismo. Y otro punto es que se trata de una mirada al futuro, de aquí en más.

Buen sistema de gestión y prácticas administrativas

El funcionamiento de la empresa familiar, para que se sostenga en el tiempo y logre competitividad en el mercado, depende en gran medida del funcionamiento de la familia. Este aspecto, si bien es necesario, no es suficiente. También hace falta que haya una buena política administrativa y un excelente sistema de gestión que le permita a la empresa desarrollarse y crecer.

GESTIÓN DE PERSONAS EN PYMES Y EMPRESAS DE FAMILIA. DESAFÍOS

Una de las situaciones más complejas en las EF es la gestión de personas. Sea una gestión interna o externa.

Vale la pena recordar que podemos ver la EF como un sistema social formado a su vez por tres subsistemas: familia, capital y empresa/negocio, en un contexto cruzado por fuertes emociones. Cada uno de estos subsistemas tiene objetivos y expectativas diferentes. La familia busca la armonía, el capital busca la rentabilidad y la empresa/negocio busca y necesita de la gestión. Es en estos dos ámbitos donde la gestión de personas adquiere relevancia.

Lo que suma complejidad es que, en su gran mayoría, en las EF los miembros de la familia pertenecen simultáneamente a los tres subsistemas; los accionistas y los que están al frente de la gestión son de la familia.

Es con estas personas con las que tienen que lidiar los responsables (cuando los hay) de la gestión de personas en las EF.

Actualmente existe más conciencia en los dueños de EF y generaciones siguientes de la necesidad de profesionalizar la gestió; aún así la gestión de personas es de las últimas en ser profesionalizadas. Cuando uno pregunta a un dueño de EF quién se ocupa del área de la gestión de personas las respuestas más habituales son: "la nena" o "mi señora" "…porque tiene carácter" o "porque sabe llevar bien a la gente", y la mayoría de las veces estas funciones quedan limitadas a pago de sueldos, asistencias, vacaciones, etc.

Una gestión de personas profesionalizada tiene la responsabilidad de encontrar las personas adecuadas, que agreguen valor en el futuro a la empresa, que permanezcan en la misma y estén atentas al clima de trabajo.

¿Por qué es tan compleja y difícil la gestión de personas en las EF?

- Los miembros de la familia son los que acceden a los puestos directivos.
- La condición de familiar atraviesa la jerarquía y el organigrama.
- Las decisiones dependen de una sola cabeza.
- Confusión de objetivos de empresa/familia.
- Habitualmente impera mucho desorden y desprolijidad en la toma de decisiones.
- Las instrucciones y consignas cambian rápidamente y sin aviso.
- Quien o quienes son los referentes suelen ser confusos y/o ambiguos.
- La gestión se organiza alrededor de personas (familiares) y no de funciones.

Afortunadamente, en la actualidad existe una mayor conciencia de que las buenas prácticas de gestión, ordenadas y planificadas no están reservadas solo a las grandes empresas y multinacionales sino que pueden ser aplicables en pymes y empresas de familia.

Si bien esto se sabe, y muchas veces es un objetivo explícito de los dueños de las EF, no lo llevan a la práctica y uno se pregunta por qué.

¿Por qué no se hace?

- Por torpeza e ignorancia.
- Los dueños tienden a hacer todo personalmente, les cuesta delegar, esperan que las cosas se hagan tal cual las hacen ellos, por lo que es raro que estén conformes con el trabajo que hacen los otros.
- En general, los emprendedores buscan más sumisión que eficiencia.
- Es un negocio en un mundo capitalista con una organización de gestión (la familia) precapitalista,

por lo tanto es una problemática mayormente cultural…

* …Porque siempre se hizo así… Es la cultura de las EF.

¿Cuál es el desafío?

Hay mucho por hacer. Una gestión de personas profesionalizada puede:

* Ayudar a los propietarios/emprendedores a transformarse en empresarios, ayudarlos a que se concentren en qué hay que hacer y delegar el cómo hacerlo. Este es un cambio cultural de las EF.
* Ayudar a crear conciencia de los beneficios de contar con un buen equipo de gestión y apoyo.
* De no ser así, los mandos medios en lugar de formar equipo se convierten en un grupo de sumisos con un bajo nivel de aporte personal.

¿Para qué?

Un buen equipo de gestión y apoyo le permite a los propietarios/emprendedores pensar y definir las estrategias del negocio, planificar, generar oportunidades para nuevos negocios, crecer y dejar una empresa sustentable a las siguientes generaciones.

MANEJAR LAS EMOCIONES

A través del tiempo, los consultores especializados en EF prestaron atención a los procesos de gestión, al traspaso generacional, a la realización del protocolo y otros temas habituales para el manejo de estas empresas. Unos pocos se adentraron en las relaciones interpersonales de las familias empresarias y muchos menos en las emociones de la familia.

Quizá sean las emociones uno de los temas más complejos para tratar por parte de los profesionales y que más "sufren" los miembros de la familia empresaria.

Las emociones en una persona no se crean de un día para el otro ni son fruto de cuestiones circunstanciales, son producto de un largo proceso que se desarrolla desde el inicio de la vida y aún antes, porque se nutre también del "ambiente emocional" reinante en la familia a la que se llega.

Las emociones se manifiestan frente a diferentes circunstancias y experiencias de la vida, y con mayor o menor intensidad según la ocasión. Las más difíciles de "manejar" son las más sorpresivas e intensas, más difícil aún si la propia persona desconoce cuál es el disparador de la emoción.

¿Por qué las emociones son difíciles de manejar
y por qué hablamos de "manejarlas"

En las relaciones interpersonales las emociones son un ingrediente más de los múltiples que la conforman. Cuando las emociones son muy intensas se constituyen en el aspecto principal de una relación y muchas veces en el tema excluyente. Es muy difícil que en esas condiciones una relación prospere en armonía.

En el caso de las EF estos procesos se trasladan al ámbito

de trabajo y entorpecen el funcionamiento de la organización. Por ese motivo suele ser uno de los temas de consulta más frecuentes de las EF.

Los temas propios del negocio, las decisiones, las reuniones son teñidas por cuestiones emocionales, la mayoría de ellas de larga historia. Una palabra, un mínimo gesto, un intercambio de miradas puede ser suficiente para que se genere una reacción que invada y contamine toda la experiencia de ese momento. Al rato suele ceder. Pero cuando se repite cotidianamente y pasa a ser parte de lo habitual estamos frente a un problema de gestión.

Lo que más angustia en una familia empresaria es la falta de una comunicación fluida y confiable porque dificulta resolver las diferencias que se transforman en confrontaciones que afectan el negocio y a la familia.

Por ese motivo me detengo en este punto de "manejo o gestión de las emociones en las empresas de familia".

¿Qué hacemos con las emociones?

No las podemos evitar, ¿las expresamos así nomás como vienen?, ¿les damos rienda suelta?, ¿las reprimimos?, ¿las ignoramos haciendo como que no pasa nada?

A los clásicos tres subsistemas de las EF, la familia, el capital y el negocio, podemos agregar un cuarto subsistema: las personas. Cada persona es lo que nos lleva a las relaciones interpersonales, y estas nos llevan a las emociones, un nuevo subsistema que, como los otros, también necesita ser gestionado.

¿Por qué necesitamos saber gestionar las emociones?

Hay personas que están siempre de buen humor, y ello las ayuda a descomprimir las tensiones tanto en los ámbitos cotidianos del trabajo como en otros ámbitos de la familia.

Hay otras que siempre se enojan, cualquier cosa las irrita, se angustian ante los problemas y la mayoría de las veces no se animan a compartir lo que les pasa. ¿Qué sucede? Las emociones contenidas generan en algún momento una "explosión" fuera de contexto que nadie entiende y actúa como un tóxico para el clima laboral.

¿Qué es gestionar las emociones?

Básicamente incluye dos aspectos: uno, aprender a expresar los propios sentimientos teniendo en cuenta el sentido de oportunidad, saber dónde, cómo y en qué momento; y otro, reconocer las emociones de los demás.

¿Cómo?

Gestionar las emociones no significa reprimirlas, pero tampoco significa descargarlas (hacer catarsis) ni llevar a cabo conductas confrontativas cargadas de ira o enojo.

Significa desarrollar la capacidad de controlar las emociones sin tener que reprimirlas ni olvidarlas.

Es muy difícil pero no imposible. La principal barrera para gestionar las emociones es creer que no se puede. Y sí se puede. Para aquellos que creen que es imposible controlar las emociones les comento que permanentemente estamos controlando nuestras emociones en nuestra vida cotidiana, si no lo hiciéramos con propios y extraños la convivencia en sociedad sería imposible.

Podemos hacerlo, uno es responsable de sus propias reacciones. No son los otros los que nos hacen reaccionar, uno reacciona de acuerdo a cómo está preparado para reaccionar. Esta preparación se fue construyendo a través del tiempo, lo interesante de esto es que uno puede prepararse para reaccionar distinto incorporando nuevos hábitos de reacción.

Muchas familias se han acostumbrado a tratos despectivos, en mi opinión por un exceso de confianza. Se producen reacciones que habitualmente no suceden en ámbitos no familiares, como si "ser familia" no mereciera los mismos cuidados que se tiene con los extraños. Esto afecta a la unidad y la armonía. En la EF, también al negocio.

Gestionar las emociones necesita de una práctica permanente, es un entrenamiento; hablar en lugar de callar, mirar a los ojos del otro y explicarle qué siente frente a sus actitudes, conductas u opiniones. Hablar en primera persona: "a mí me pasa" o "yo siento", en lugar de "hacés que me pase" o "me hacés sentir". A veces conviene hacerlo en el momento "caliente" y otras veces hacerlo en "frío". Es un tema de educación, unos y otros se explican recíprocamente qué les pasa.

¿Lleva tiempo? Sí. ¿Da trabajo? Sí. ¿Cuesta? Sí. Pero muchísimo menos que no hacerlo. El maltrato, las reacciones de ira o enojo tienen para la familia y la EF un costo mucho mayor que el de prevenir y cuidarse.

La "prevención" es educar y educarse en el uso inteligente de las emociones para que estas no afecten negativamente la armonía de la familia ni el desarrollo y crecimiento de la empresa.

El objetivo de gestionar las emociones es liderar las propias para orientar la conducta; es decir, mantener el equilibrio, establecer relaciones armónicas con uno mismo y con los demás, reconocer y aceptar los propios sentimientos y los ajenos, y salir de situaciones conflictivas sin dañarse ni dañar a otros. Vale la pena.

ANTES QUE FUNDIR LA FIRMA FAMILIAR, ES MEJOR VENDERLA

Llegó a las empresas de familia desde la medicina y la terapia familiar. Cree que el protocolo familiar es útil, pero más importante aún es el proceso que lleva a gestarlo. "La búsqueda de ayuda externa suele aparecer unos 15 años después de la fundación."

Médico, terapeuta infantil, terapeuta familiar. Tales son los antecedentes profesionales y laborales de Eduardo Press (66), hoy enfocado a la psicología de las organizaciones y con mucha experiencia en asesorar a empresas familiares.

–Estudié Medicina porque mi padre era médico y yo sentía mucha admiración por él –evoca Press–, pero con el tiempo descubrí que lo que me interesaba era ayudar. En paralelo, hacia mis 20 años, me vinculé con gente de Psicología. Empecé a estudiar y, rápidamente, advertí que me iba a dedicar a eso.

Luego, se orientó a terapia de niños y, de allí, a terapia familiar. De modo que, pronto, se encontró tratando a familias que, en muchos casos, además, regenteaban su propia empresa.

–Así que empezar a trabajar con la problemática de las empresas no significó un salto disruptivo, sino una continuidad –explica.

Dos hechos terminaron de volcar su giro hacia las organizaciones. El primero fue un libro que, un poco por azar, cayó en sus manos: *Sí, de acuerdo. Cómo negociar sin ceder*, de Roger Fisher y William Ury.

–Lo devoré en dos días. Descubrí que mi modalidad de trabajo tenía que ver con lo que se proponía en el libro: que la gente solucionara sus problemas a través de la negociación. Lo que me llamó la atención, también, es que los autores provenían de campos muy diferentes del de la terapia. El segundo disparador fue un conflicto entre familias por una situación difícil. Mi tarea fue promover y generar una negociación entre partes, dentro de una de esas familias, para que pudiera negociar un acuerdo con la otra. El acuerdo fue exitoso. Eso me abrió otro camino. Me dije, voy a ayudar a la gente a negociar. ¿Y dónde negocia la gente, en especial?: en las empresas. Empecé a meterme más en la lógica de las empresas, a estudiar sobre sus prácticas y, de ahí, casi naturalmente, terminé especializándome en empresas.

Las etapas

El experto, en su libro *Empresas de familia* (Ediciones Granica, 2011), establece cuatro etapas para este tipo de firmas, asociadas con la edad del fundador en los diferentes momentos. Así, define la primera etapa como los 10 años iniciales, cuando la edad del fundador suele estar entre 25 y 35 años. Él es, además, el centro de todo, y maneja un negocio todavía pequeño.

–Cuando uno arranca, tiene todo por ganar. Agacha la cabeza, mete el hombro, y empuja para adelante. Pero unos 15 años después de la fundación, en la segunda etapa, ya nacieron los hijos, o comenzaron a crecer, y empieza a pensar en la noción de familia, en trascender.

Por el lado de la firma, tras haber sobrevivido, la cosa empieza a ir bien. Pero ahí surge la necesidad de ayuda, porque hay más cosas para perder: hay dinero invertido, hay tiempo invertido. También un sentimiento de responsabilidad, por la gente que trabaja en ella.

El especialista describe las diferentes dimensiones por las que cruza la empresa de familia, un clásico en las miradas sobre el tema.

–La familia quiere la armonía, llevarse bien; el capital busca una rentabilidad, y el negocio procura una buena gestión. Pero todas estas cuestiones están atravesadas por emociones. Si bien la demanda de ayuda puede venir por cualquiera de estas dimensiones, otros colegas –que trabajan en marketing o comercialización– a veces se desconciertan con las empresas familiares. Me dicen: "No entiendo, en la reunión con los dueños quedamos en una cosa, ¡y después me salen con otra!". En ese sentido, mi formación como terapeuta familiar me permite entender cómo funciona una familia que además maneja una empresa. Un día acuerdan una cosa; luego, el matrimonio fundador se reúne a almorzar, y la cambian. El consultor tiene que estar preparado para eso, no pelearse. Tiene que entender, en especial, que los gestores del cambio son la propia gente de la empresa.

–¿Cuál es la importancia del protocolo familiar?
–Es una herramienta útil, pero tampoco resuelve todo. Lo que sí rescato como algo muy valioso es el proceso de gestación y construcción del protocolo, cómo se van desarrollando los vínculos. Yo he sido testigo, durante esos procesos, de conversaciones que nunca habían existido en las familias. Una de mis funciones, al actuar como facilitador en esas reuniones, es darle la palabra a todos. Nadie en la familia se queda sin dar su opinión. Y surgen expresiones como "Yo no sabía que vos pensabas eso" o "No sabés cuánto te agradezco que hayas dicho eso". Esto es lo que le da fuerza al protocolo. No si tiene valor legal o si carece de él.

Una vez, a unos clientes míos que tenían problemas entre hermanos y primos que fuimos resolviendo, les sugerí que era un buen momento para hacer el protocolo. "Bueno, hacelo y mandanos la propuesta. Y también le pedimos uno al abogado." ¡No!, les respondí, ¡ustedes lo tienen que hacer! Yo les puedo dar una guía, sugerirles cosas, esto va primero y esto después, ¡pero son ustedes los que van a decidir!

–Antes, en la empresa familiar, el mandato implícito o explícito para los hijos era continuar con la firma. Pero, ahora, los hijos estudian otras cosas, tienen otras vocaciones. ¿Cómo se soluciona esa diferencia?

–Primero habría que aclarar que, en el mundo, el promedio de vida de las empresas en general –no solo las familiares– es de 40 años. ¿Por qué, entonces, vamos a exigirle a las empresas de familia que duren más que la media general?

Quiero detenerme en el famoso dicho de que la primera generación funda la empresa, la segunda la desarrolla y la tercera la funde. Esto es tóxico porque pone una presión sobre la nueva generación, que obligadamente tiene que mantener la empresa. Hoy, existe una dispersión enorme de vocaciones.

Por caso, tengo un cliente con una empresa de transporte de personas, con una hija que estudia Diseño de Indumentaria. Ella podría, a lo sumo, diseñar el uniforme de las azafatas, pero hasta ahí llega. Así, esa frase es tóxica porque obliga a persistir en algo que no está en la esencia o en la vocación, y lleva seguro a pérdida. El nieto la funde, no por ignorancia o impericia, sino porque no es para él. Mi sugerencia, en estos casos, es: ¡Vendan la empresa! Es lo que llamo un final digno.

–Pero el fundador suele ver a la empresa como si fuera un hijo.

–Sí, pero uno no quiere que los hijos se fundan. Además, la empresa no tiene el mismo significado para las nuevas generaciones.

–Pero para los hijos de verdad, la empresa puede llegar a ser un hermano no querido.

–No hay que olvidar que es una empresa. Más aún: venderla puede ser una forma de darle continuidad al capital de la familia. Y promover emprendimientos nuevos por las nuevas generaciones, sin que estas estén obligadas a fabricar tuercas para lavarropas cuando quieren diseñar ropa, o construir casas. Ahí, la real continuidad de la empresa familiar es usar ese capital para nuevos emprendimientos, de los que los jóvenes sí se puedan sentir dueños.

¡LLEGAMOS AL FINAL!

El objetivo de trabajar sobre los temas de este libro fue aportar conceptos y herramientas tanto para las familias empresarias como para profesionales que trabajan con EF.

No es el fin del camino, es una estación más de un camino infinito.

Desde mis épocas de psicoterapeuta de niños, hace ya más de cuarenta años, estoy en contacto con familias con problemas. En todos estos años me di cuenta de que la gente sufre más o menos por las mismas cosas. Aún así, cada nueva familia, cada nueva empresa de familia sigue siendo un desafío.

¿Cómo ayudar a reencontrar un camino que alguna vez se perdió? Ese camino es único y singular para cada familia. No existen recetas universales y generales. En cierto sentido, la consultoría en empresas de familia es artesanal.

Uno de los mayores riesgos es casarse con el éxito. Lo que uno hizo y dio resultado con una familia en un momento, puede no darlo con otra familia ni con la misma familia en otro momento.

Por eso la consultoría es un aprendizaje constante, no tiene fin. Este es otro de los riesgos: creer que "ya está", que uno ya lo sabe todo. No es así. Cuando uno trabaja con familias y EF, que son organismos vivos, nunca se sabe todo.

Nos volveremos a encontrar en la próxima estación.

BIBLIOGRAFÍA

Amat, Joan y Corona, Juan (editores): *El protocolo familiar*. Deusto, Barcelona, 2007.

Antognolli, Santiago: www.negociosdefamilia.com.ar

Braidot, Néstor: "Toma de decisiones: el rol de las emociones en la empresa familiar", en http://materiabiz.com/toma-de-decisiones-el-rol-de-las-emociones-en-la-empresa-familiar/

Fros Campelo, Federico: *Ciencias de las emociones*. Ediciones B, Buenos Aires, 2013.

Christensen, Natalia: "Emancipación de la nueva generación y la empresa familiar", http://www.laempresafamiliar.com/informacion/articulos/articulos-en-abierto/5168-emancipacion-de-la-siguiente-generacion-y-empresa-familiar.

Damasio, Antonio R.: *Sentir lo que sucede*. Andrés Bello, Santiago de Chile, 2000.

————: citado en http://www.eduardpunset.es/419/charlas-con/el-cerebro-teatro-de-las-emociones.

De Urquiza, Daniel: "Las relaciones laborales en las Pymes familiares", http://www.facebook.com/notes/daniel-de-urquiza/las-relaciones-laborales-en-las-pymes-familiares/10151743930317958.

Favier Dubois, Eduardo y Spagnolo, Lucía: *Herramientas legales para la empresa familiar*. Ad-Hoc, Buenos Aires, 2013.

————: *Las doce trampas legales de las empresas familiares*. Ad-Hoc, Buenos Aires, 2014.

Gimeno, Alberto; Baulenas, Gemma y Coma-Cross, Joan: *Modelos de empresa familiar*. Deusto, Barcelona, 2009.

Glikin, Leonardo: "¿Atrapado sin salida?", http://www.temas-caps.com.ar/art_empresayfamilia-27.php.

————: *Los hermanos en la empresa familiar*. Aretea Ediciones, Buenos Aires, 2014.

Martínez Echezáraga, Jon: *Reto al destino*. Ediciones Granica, Buenos Aires, 2010.

Niethardt, Ernesto: "La influencia de la propiedad emocional en la empresa familiar", http://www.newsmaker4.com.ar/clientes/empresafamiliar/empresafamiliar/web/index.php?id_edicion=7260&new=123&cli=97.

Núñez, Mirta: "Para qué sirve la planificación sucesoria", *www.mirta-nunez.com.ar.*

Porter, Michael: *Ventaja competitiva.* CECSA, México, 1998.

Press, Eduardo: *Empresas de familia.* Ediciones Granica, Buenos Aires, 2011.

———: "Los cuentos de la historia, hacia una nueva manera de mirar". *Sistemas Familiares*, Año 10, N° 2, agosto de 1994.

———: "Otro tiempo, otra mirada, otra historia", *El campo de las terapias*, Año 1, N° 3, marzo de 1992.

Rentería Pérez, Erico y Orozco Zárate, Ángela Rocío: *Empresa de familia: relaciones y conflictos en la transición generacional.* Universidad de San Buenaventura, Cali, 2012.

Sacheri, Eduardo: *La vida que pensamos.* Alfaguara, Buenos Aires, 2013.

Salazar, Guillermo: "Cultura y valores en una empresa familiar", http://www.degerencia.com/articulo/cultura_y_valores_en_una_empresa_familiar.

Sluzki, Carlos: "Terapia familiar como construcción de realidades alternativas". *Sistemas Familiares*, Año 1, N° 1, Buenos Aires, 1985.

Taleb, Nassim: *Antifrágil.* Paidós, Buenos Aires, 2013.

Tàpies, Josep: "¿Qué pasa si nadie quiere continuar?", http://blog.iese.edu/empresafamiliar/2013/que-pasa-si-nadie-quiere-continuar/.

———: "El orgullo por hacer historia", http://blog.iese.edu/empresafamiliar/2014/el-orgullo-por-hacer-historia/.

Ury, William: *¡Supere el No!* Grupo Editorial Norma, Bogotá, 1993.

Von Moos, André: *Diriger une enterprise familiale avec succès.* Éditions Payot, Lausanne, 2006.

Watzlawick, Paul y otros: *Teoría de la comunicación humana.* Tiempo Contemporáneo, Buenos Aires, 1976.

ACERCA DEL AUTOR

Eduardo Press es médico, terapeuta familiar, mediador, y experto en comportamiento humano y manejo de situaciones conflictivas en las organizaciones, con particular especialización en empresas de familia.

Dirige la consultora que lleva su nombre y la Escuela Argentina de Psicología Organizacional.

Entre sus actividades docentes se destacan: profesor invitado en el Curso Formación de Consultores de Empresa Familiares organizado por IADEF (Instituto Argentino de la Empresa Familiar) (2012); Profesor en el curso "Empresas Familiares. Como trabajar en y con ellas" (EAPO); profesor invitado en la Maestría en Comunicación Organizacional de la Universidad católica de Guayaquil, Ecuador. (2004 y 2007); profesor de Negociación y Resolución alternativa de Disputas, Facultad de Psicología, UBA, Departamento de Extensión Universitaria (1995/1996); Profesor del Consejo de Profesionales de Ciencias Económicas de Capital Federal; Profesor en la Escuela de Mediación y Arbitraje del Consejo de Profesionales de Ciencias Económicas de Capital Federal (1997-1999); Profesor titular de la cátedra de Psicología Sistémica en la Universidad de Ciencias Empresariales y Sociales (UCES) (2000-2001); Profesor adjunto de la cátedra Negociaciones en la Universidad de Palermo (1995-1996).

A lo largo de más de cuarenta años de trayectoria ha publicado (con ediciones agotadas) obras como *Psicología de las organizaciones* (Macchi, 2005/2007) y *Empresas de familia. Del conflicto a la eficiencia* (Granica, 2011), además de artículos en diversos medios de alcance nacional e internacional.